# Theologisch-anthropologische Reflexionen
## Zur ethischen Verantwortung in Gesellschaft, Politik und Kirche

**Evangelische Perspektiven**
Schriftenreihe der Evangelischen Kirche in Bochum
in Zusammenarbeit mit der Evangelischen Stadtakademie Bochum

In 2018 erschienen:

Heft 11: Michael Rosenkranz
„Ihr sollt Mir sein ein Königreich von Priestern"
Jüdische Perspektiven zur Verständigung zwischen Juden und Christen
Hrsg. von Arno Lohmann
ISBN 9783748148180
1. Auflage Oktober 2018

Heft 12: Günter Brakelmann
Luther und die Juden
Luther, der Protestantismus und der Holocaust
**Vorträge zum 500. Reformationsgedenken 2017**
Hrsg. von Arno Lohmann
ISBN 9783752812466
1. Auflage April 2018

Heft 13: Günter Brakelmann
Martin Luther in Bochum-Werne
Der 1. Pfarrer der Evangelischen Kirchengemeinde Bochum-Werne
Hrsg. von Arno Lohmann
ISBN 9783752847598
1. Auflage August 2018

Heft 16:
Günter Brakelmann
**Theologisch-anthropologische Reflexionen**
**Zur ethischen Verantwortung in Gesellschaft, Politik und Kirche**

Herausgegeben von Arno Lohmann
ISBN 9783750423350

Evangelische Kirche in Bochum
Westring 26a, D-44787 Bochum
Telefon 0234 - 962 904-0
http://www.kirchenkreis-bochum.de

Das vorliegende Heft ist zu beziehen bei:
Evangelische Stadtakademie Bochum
Westring 26a, D-44787 Bochum
Telefon 0234-962904-661
office@stadtakademie.de
http://www.stadtakademie.de

# Theologisch-anthropologische Reflexionen

Zur ethischen Verantwortung in Gesellschaft, Politik und Kirche

Günter Brakelmann

Mit Beiträgen von

Arno Lohmann
Horst Friedrichsmeier
Hartmut Schröter
Traugott Jähnichen

Verlag Books on Demand GmbH, Norderstedt

**Bibliografische Information der Deutschen Bibliothek:**
Die Deutsche Bibliothek verzeichnet diese Publikation in der Deutschen Nationalbibliografie;
detaillierte bibliografische Daten sind im Internet unter www.dnb.de abrufbar.

1. Auflage Dezember 2019
© beim Herausgeber
Redaktion: Arno Lohmann
Gestaltung: Q3 design, Dortmund

ISBN 9783750423350

Herstellung und Verlag:
BoD – Books on Demand GmbH
In de Tarpen 42
D-22848 Norderstedt
Telefon (+49) 0 40 - 53 43 35 - 0
Telefax (+49) 0 40 - 53 43 35 - 84
Web: www.bod.de
e-Mail: info@bod.de

# Inhalt

Arno Lohmann

# Wider das kompromisslose Siegenmüssen
## Eine Einführung

Zu Beginn des Jahres 2018 überraschte Günter Brakelmann seine Freunde und Bekannten mit sieben „Theologisch-anthropologischen und ethischen Reflexionen zur Politik und Geschichte" und verband diese mit der Einladung zur kritischen Stellungnahme. Es entstand ein reger Austausch mit dem Autor über zahlreiche zustimmende und auch kritische Antworten.

Daraufhin ergänzte Günter Brakelmann im April seine erste Thesenreihe durch 17 weitere „Historisch-politische Reflexionen".

Allen, denen diese Reflexionen in die Hände kamen, erkannten, dass Günter Brakelmann mit diesem zweifachen Kompendium eine Erfahrungsbilanz seines Lebens vorlegt. Am Ende seines Lebens nimmt er hier noch einmal thesenartig Stellung zu den für ihn wichtigsten Fragen aus Theologie, Geschichte, Politik und Kirche. Die Themen bleiben für uns alle hoch aktuell. Gleichzeitig stellt sich hier der Professor für Sozialethik und Geschichte, der sozialdemokratisch-politisch vielfältig engagierte Christ, der Gewerkschafter und Mitglied verschiedener Aufsichtsräte, der stets quellenorientiert forschende Historiker zu Themen der sozialen, politischen und kirchengeschichtlichen Fragen, der Weggenosse und Freund noch einmal dem Gespräch mit seinen Freundinnen und Freunden. Die Thesen seien das Ergebnis eines kritischen Selbstverständigungsprozesses, einer notwendigen Klärung, der er im Alter nicht ausweichen wolle.

In der Evangelischen Stadtakademie haben wir das Gesprächsanliegen von Günter Brakelmann gerne aufgenommen. Seit Gründung der Akademie vor 66 Jahren ist er der am Häufigsten vertretene Referent.

Am 1. Juni 2018 luden wir ihn gemeinsam mit seinen Freundinnen und Freunden sowie interessierte Akademiemitglieder zu einem Gesprächsabend über beiden Thesenreihen ein. Günter Brakelmann sandte uns den folgenden Einladungstext zu diesem Abend:

*„Viele, denen ich diesen Text zugeschickt hatte, haben mit Zustimmung und mit gleichzeitigen kritischen Anmerkungen geantwortet. Es könnte für unseren weiteren Dialog vielleicht nützlich sein, die grundsätzlichen Reflexionen, die großes Gewicht auf Fragen der theologischen Anthropologie gelegt haben, durch weitere historisch-politische Reflexionen zu ergänzen. Natürlich weiß ich, dass man vieles oder einiges anders sehen kann. Es sind Gegenargumente gegen meinen skeptischen Realismus durchaus geboten und auch verständlich. Im Übrigen gilt für mich: keiner würde sich mehr freuen als ich, wenn die uralten Mechanismen der Machtpolitik ersetzt würden durch neue hoffnungsvollere Zukunftsprozesse auf den geistigen und ethischen Fundamenten von Vernunft und Humanität. Nur habe ich es schwer, diese Hoffnungspotentiale im Moment zu sehen."*

Diese Einladung lässt die Hauptanliegen von Günter Brakelmann deutlich erkennen. Doch vorab: Die vorgelegten Thesenreihen sind nicht spontan entstanden, ihnen liegt vielmehr eine jahrzehntelange regelmäßige „Selbstverständigungspraxis" zugrunde, in der er sich, wie er sagt, immer wieder schriftlich der kritischen Reflexion seiner wissenschaftlichen wie politisch-praktischen Erkenntnisse und Tätigkeiten stellte. Mit seinen nun vorgelegten Reflexionen trat er vor einem Jahr im Kreis seiner Freunde an die Öffentlichkeit. Die Reflexionen sind ein Verständigungsprozess sowohl zwischen Theologie und Biografie wie zwischen Theologie und politischer Praxis. „Kein theologischer Satz ist politisch unschuldig", betont Günter Brakelmann immer wieder, insbesondere als Mahnung an Theologinnen und Theologen. Der Theologie muss die politische Praxis folgen und sie muss diese gleichzeitig reflektieren, will sie nicht zur Ideologie oder einer Wohlfühlkirche verkommen.

Günter Brakelmann betont einen weiteren Aspekt der Theologie vehement, der selbstverständlich sein sollte: Schöpfungstheologie ist ohne Christologie nicht denkbar – ein Defizit, das er in den Kriegstheologien der Kirche im Ersten wie  Zweiten Weltkrieg immer wieder erschreckend aufzeigen muss, wo von Gott dem Schöpfer und Lenker der Geschichte geredet wird, aber kaum ein Wort von der Hinwendung Gottes in Christus zu den Armen und dem entrechteten Menschen.

Wir begegnen einem engagierten politischen Christen, der „verliebt ist in den Alltag", der nicht zuerst orientiert ist am Morgen, an moralisch geforderten idealen Verhältnissen, sondern an den gegenwärtigen konkreten Bedingungen, in denen Menschen leben und von denen ihr Alltag bestimmt ist. Hier bleibt Günter Brakelmann ganz Realist. Angesichts der von Menschen angerichteten Katastrophen in der Geschichte zerbricht für ihn jeder Idealismus, der eine ideale Zukunft propagieren will. Ausgehend von einer theologischen Anthropologie, die die menschliche Neigung zum Bösen grundlegend ernst nimmt, stellt er dem Idealen einen für ihn typischen äußerst skeptischen kritischen Realismus gegenüber. Diese Sichtweise entwickelt er an biblischen Texten einerseits, sie ist aber zugleich sein – biographisch bedingter – Blick „von unten", der ihn in seinem wissenschaftlichen Forschen wie auch existenziell erdet. Als Gewerkschafter und Vertreter in mehreren Aufsichtsräten war es daher sein Anliegen, sowohl für das ökonomische Wohl des Unternehmens Sorge zu tragen wie auch Anwalt der Arbeiterschaft zu sein und für die Anliegen der konkreten Arbeiterinnen und Arbeiter zu streiten.

In seinen Reflexionen ist die radikale Absage an jede Spekulation einer idealen Welt deutlich zu spüren. *„Was mich selbst am meisten ‚aufregt‘ "*, schreibt er, *„ist die harmlose Anthropologie vieler Zeitgenossen, verbunden mit utopischen Vorstellungen von einer ganz anderen Welt. Sie formulieren – von der UNO angefangen bis zu Parteiprogrammen – immer wieder neue ethische Verhaltenskodices und bewegen sich weiterhin in ihren Tageskonflikten und mit ihren Ansprüchen an ihre jeweiligen Gegner oder Feinde. Sie übersehen, dass sie ihre hohen Prinzipien als Waffen im politischen Machtkampf verwenden. "*
Ich lese Günter Brakelmanns Reflexionen als eine aus der Geschichte und der Theologie gewonnene Aufforderung zur Abrüstung in den aktuellen Moraldebatten, wie die Welt idealerweise sein sollte, stattdessen aber als vehementen Apell zum Handeln für eine (wenigstens etwas) bessere Welt angesichts der drängenden gesellschaftlichen politischen, sozialen und wirtschaftlichen Verhältnisse. Seine Ethik ist eine Ethik des Komparativs: Statt auf Maximalforderungen zu bestehen, geht es um die permanente Suche des real Machbaren – ohne allerdings die

Vision für das Bessere aufzugeben. Diese Ethik baucht als Grundhaltung die Bereitschaft zum Kompromiss: *„Was viele von uns bedrückt, ist die abnehmende Fähigkeit von Politikern* (sc. und nicht nur von Politikern), *Konflikte kompromisshaft zu lösen. Viele wollen immer nur siegen* (daher die Überschrift dieser Einführung). *Und man sollte immer noch davon ausgehen, dass sie – wenn sie über die Macht verfügen – bereit sind, auch Massenvernichtungswaffen anzuwenden. Den Feind auszurotten, gehört immer noch zum Arsenal ihrer „politischen Moral". ...*

*Sie proklamieren Abrüstung mit dem Ziel einer Welt ohne Waffen und gleichzeitig lassen sie aufrüsten und entwickeln neue Vernichtungswaffen. Eine tiefe Heuchelei, gepaart mit Lügen, durchzieht ihr Reden und Handeln."*

Das Gegenteil des Kompromisses ist der der Zwang zum Siegenmüssen. Darin sieht Günter Brakelmann die Hauptgefahr für eine gemeinsame Zukunft. Ein harter aber berechtigter Vorwurf. Günter Brakelmann wäre allerdings missverstanden, wenn man ihm vorwerfen wollte, dabei den Besitz von Waffen leichtfertig als selbstverständliche Option der Politik zu dulden oder ihm gar Toleranz gegenüber machtpolitischem Streben zu unterstellten. Die Forderung nach einer „Welt ohne Waffen" ist seiner Ansicht nach immer dann kontraproduktiv, wenn sie nicht begleitet ist von sehr praktischen, entschiedenen und intensiv geführten diplomatischen Verhandlungen und vertrauensbildenden Maßnahmen auf allen Ebenen. Die Bereitschaft und die Fähigkeit zum Kompromiss sind dabei entscheidende Grundlagen.

In großer Sorge schreibet er über die aktuellen weltpolitischen Verhältnisse: *„Die politischen Konflikte und die kriegerischen Aktionen werden nicht weniger, sondern nehmen zu und lassen befürchten, dass sie sich bald auch zu neuen kalten Kriegen entwickeln, die immer in heißen Kriegen enden können. ... Die Rüstungsindustrie blüht. Und es dürfte immer schwieriger werden, in diesem Wirrwarr politischen Frieden zu entwickeln."*

Der Kirche hält er dabei vor, dass ihr Engagement für den Frieden und ihre „moralische Kritik" nicht deutlich genug übergeht in das harte Geschäft von realer Friedenspolitik.

Dieser berechtige Vorwurf ist der fast verzweifelte Appell als Mitglied seiner Kirche in politischen Gremien zur Friedenssicherung, den (theologischen) Erkenntnissen und Worten Taten folgen zu lassen. Günter Brakelmann zitiert Karl Marx: *„Die Philosophen haben die Welt nur verschieden interpretiert; es kommt aber darauf an, sie zu verändern"*.

Die Evangelische Stadtakademie hat über 60 Jahre lang von Professor Günter Brakelmann und seinem theologischen, sozialethischen und historischen Wissen profitiert. Die Stadtakademie und ich persönlich sind Günter Brakelmann dafür in Anerkennung und tiefem Dank verbunden. Alleine in der Zeit meiner Leitung der Akademie war er von 2009 bis 2019 fünfzig (!) mal unser Referent. Am Ende dieses Bandes sind seine Vorträge und Veranstaltungen in der Stadtakademie in einem beeindruckenden Kalendarium aufgeführt.

Gleichzeitig sind in dieser Zeit wichtige, immer quellenorientierte Veröffentlichungen zu den folgenden Themen entstanden:
- Die Reformation und ihre Wirkungsgeschichte in ihrer
  theologischen und politischen Hinsicht.
- Martin Luther als Freund und Feind der Juden
- Der protestantische Antisemitismus in den verschiedenen Epochen
  bis zum neuzeitlichen Antisemitismus und NS-Antisemitismus
- Der deutsche und europäische Imperialismus im Ersten Weltkrieg
- Die Evangelische Kirche im Ersten Weltkrieg
- Politische Theologie im Kaiserreich
- Kriegstheologie in Predigten, Aufsätzen und Gedichten
- Der gespaltene Protestantismus: Politisch, ordnungspolitische
  und außenpolitische Kontroversen
- Die Bochumer Kreissynoden 1818-1934
  Band 1: 1818-1912
  Band II: 1913-1919
  Band III: 1919-1934

(Mit diesem kirchengeschichtlichen Überblick einschließlich der Auswertung sämtlicher Synodenprotokolle von 1818 bis 1934 verfügt die Evangelische Kirche in Bochum über ein in der gesamten Westfälischen Kirche einmaliges Dokument seiner Geschichte.)

– Die Bekennenden Kirche und die deutschen Christen 1933-1945
– Deutscher Protestantismus und Widerstand gegen den
  Nationalsozialismus
– Die Evangelische Kirche in den politischen, sozialen und
  weltanschaulichen Fragen des 19. Jahrhunderts
– Die Evangelische Kirche im Kontext der nationalen und
  militärischen Geschichte im Zweiten Weltkrieg
– Kirchliche Äußerungen in den Kriegsjahren 1939-1941


Noch in Arbeit sind:
– Der Tod auf dem Lande in Biografien und Dokumenten
– Töten und Sterben in den Konzentrationslagern
– Die Evangelische Kirche im Luftkrieg 1939-1945:
  Der Tod aus der Luft


Diese Themenkomplexe, die zur gründlichen Kenntnis der komplizierten Situation der Kirche in ihren neuzeitlichen Umfeldern einladen, haben immer zugleich einen aktuellen politisch-pädagogischen Bezug. Hier kann durch den kritischen Rückgriff auf die geschichtlichen Quellen gelernt werden, wie man theologisch und politisch verantwortlich mit gegenwärtigen Problemen sachgerechter umgehen kann. Aus diesem Grund stellen wir heute mit diesem Band 16 der *Evangelischen Perspektiven* die beiden Reihen der Reflexionen von Günter Brakelmann sowie drei ausgewählte Reaktionen einer breiten Öffentlichkeit vor.

Horst Friedrichsmeier antwortet Günter Brakelmann mit einem persönlichen Brief und mahnt „Mut zum Aufbruch!" an. Dr. Hartmut Schröter folgt mit einer Stellungnahme „Realismus zwischen Industriegesellschaft und ökologischer Transformation". Zum Schluss würdigt Professor Dr. Traugott Jähnichen seinen Doktorvater und Vorgänger auf dem Lehrstuhl für Sozialethik an der Ruhr-Universität Bochum mit dem Beitrag „Skeptischer Realismus und das Ringen um Verbesserungen der Lebensverhältnisse. Überlegungen zur Anthropologie und Sozialethik Günter Brakelmanns."

Allen, die sich an der Diskussion zu den Reflexionen Günter Brakelmanns beteiligt haben sowie den drei Autoren, die ihre Beiträge zur Verfügung gestellt haben, danke ich herzlich.

Günter Brakelmann gehört am Ende meiner Leitungsverantwortung für die Evangelische Stadtakademie Bochum über seine fachlichen Leistungen hinaus mein besonderer Dank für eine großartige, bereichernde Freundschaft in den vergangenen zehn Jahren.

Bochum, 1. Advent 2019 Arno Lohmann


## Antworten an Günter Brakelmann

**Horst Friedrichsmeier, Studiendirektor i.R.;** Studium der Ev. Theologie, der Sozialwissenschaften und Germanistik; war Gymnasiallehrer an der Schiller-Schule Bochum; Fachleiter für Sozialwissenschaften am Studienseminar für die Referendarausbildung für Sekundarstufe II in Bochum; Fachberater bei der Bezirksregierung Arnsberg; Ausbilder für Politiklehrer in Potsdam.

**Dr. Hartmut Schröter, Pfarrer i.R.,** Promotion in Philosophie zum Frühwerk Nietzsches, Schwerpunkt Kunstphilosophie, Studienleiter im Ev. Studienwerk Villigst, Pfarrer in der Melanchthongemeinde Bochum, von 2005 – 2008 Leiter der Evangelischen Stadtakademie Bochum.

**Professor Dr. Traugott Jähnichen,** in der Nachfolge von Professor Brakelmann Lehrstuhlinhaber für Christliche Gesellschaftslehre an der Ev.-Theologischen Fakultät der Ruhr-Universität Bochum, Mitglied der Kirchenleitung der Ev. Kirche von Westfalen und Vorstandsvorsitzender der Evangelischen Stadtakademie Bochum.

Eine Literaturliste (in Auszügen) finden Sie am Ende dieses Bandes. Die vollständige Literaturliste von Günter Brakelmann sowie eine Übersicht zu seiner Mitarbeit in der Synode Bochum steht zum Download auf unserer Homepage www.stadtakademie.de/ publikationen/ev-perspektiven (Band 16) bereit.

Günter Brakelmann

# Vorwort

Durch die Beschäftigung mit Texten der hebräischen Bibel, die in Nüchternheit und Klarheit wiedergeben, wie es um den Menschen mit seinen Fähigkeiten zum Guten und Bösen bestellt ist und wie die durchschnittliche Geschichte mit ihren mitmenschlichen und barmherzigen wie mit ihren brutalen und unbarmherzigen Ereignissen abläuft, kann man für sich selbst einen kritisch-realistischen Blick für die tiefe Ambivalenz des Menschen und seiner Geschichte bekommen.

Betreibt man dann noch historisch-kritische Studien über einzelne Phasen der politischen Geschichte, so kann eines immer deutlicher werden: die von Menschen gemachte Geschichte zeigt zu allen Zeiten ihr Janusgesicht: sie kennt einzelne Ereignisse und sogar Phasen gelungener Mitmenschlichkeit, aber sie ist gleichzeitig durchzogen von Ausbrüchen grenzenloser Gewalt und massenhaften Tötens von Menschen.

Es kann nicht überraschen, dass man zu dem Ergebnis kommt: es wird nicht möglich sein, eine Welt nur in Frieden und mit Geltung der Grundrechte der Menschen und der Normen des Völkerrechts zu schaffen. Und es wird nicht möglich sein, die Geschichte der Welt eine Geschichte von Freiheit und Gerechtigkeit werden zu lassen. Man wird realistischer und bescheidener in seinen Erwartungen gegenüber der politischen Leistungskraft der Menschen. Man erkennt, dass man von der Geschichte nicht mehr erwarten kann, als der Mensch von seinen eigenen ambivalenten Möglichkeiten her in der Lage ist zu geben. Er ist durchaus der Vernunftbegabte, der zur Humanität Fähige, aber immer auch hat er seine andere Seite bei sich: unvernünftig zu sein und den Mitmenschen gegenüber ein reißender Wolf zu werden. Ein widermenschliches Potential hat er immer bei sich, das in bestimmten Konfliktsituationen oder bei bestimmten Machtzielen durchbricht und jede Moral und alle ethischen Imperative vergessen lässt.

Diese Anthropologie sollte man kennen und wirksam sein lassen in seiner „Weltanschauung". Aber das bedeutet keineswegs, dass man das Bemühen um eine bessere Welt resigniert aufgibt. Nur bestimmt man seine Ziele so, dass sie die Chance ihrer Realisierung haben. Eine Welt nur in Frieden wird keine Möglichkeit sein, aber eine Welt mit mehr Frieden kann Wirklichkeit werden, ebenso wie auch eine Welt mit weniger Unfreiheit und mit mehr Gerechtigkeit werden kann. Diese Komparative sind möglich. Superlative Erwartungen sollte man aufgeben. Der polnische Aphoristiker Lec sagte: „Freiheit, Gleichheit, Brüderlichkeit! Aber wie kommen wir zu den Tätigkeitsworten?"

Was viele von uns bedrückt, ist die abnehmende Fähigkeit von Politikern, Konflikte kompromisshaft zu lösen. Viele wollen immer nur siegen. Und man sollte immer noch davon ausgehen, dass sie – wenn sie über die Macht verfügen – bereit sind, auch Massenvernichtungswaffen anzuwenden. Den Feind auszurotten, gehört immer noch zum Arsenal ihrer „politischen Moral".

Was mich selbst am meisten „aufregt", ist die harmlose Anthropologie vieler Zeitgenossen, verbunden mit utopischen Vorstellungen von einer ganz anderen Welt. Sie formulieren – von der UNO angefangen bis zu Parteiprogrammen – immer wieder neue ethische Verhaltenskodices und bewegen sich weiterhin in ihren Tageskonflikten und mit ihren Ansprüchen an ihre jeweiligen Gegner oder Feinde. Sie übersehen, dass sie ihre hohen Prinzipien als Waffen im politischen Machtkampf verwenden. Sie proklamieren Abrüstung mit dem Ziel einer Welt ohne Waffen und gleichzeitig lassen sie aufrüsten und entwickeln neue Vernichtungswaffen. Eine tiefe Heuchelei, gepaart mit Lügen, durchzieht ihr Reden und Handeln.

Die politischen Konflikte und die kriegerischen Aktionen werden nicht weniger, sondern nehmen zu und lassen befürchten, dass sie sich bald auch zu neuen kalten Kriegen entwickeln, die immer in heiße Kriege enden können. Die größeren Industrienationen liefern derweil weltweit die Waffen, mit denen die verschiedensten Kleinkriege geführt werden können. Die Rüstungsindustrie blüht. Und es dürfte immer schwieriger werden, in diesem Wirrwarr politischen Frieden zu entwickeln.

Kirchen und viele christliche Gruppen zeigen in dieser bedrohlichen Situation eine intensive Teilnahme an der Friedensproblematik. Sie zitieren passende Sprüche aus der Schrift und zeigen den Abstand, der zwischen der Friedenverkündigung Jesu und der Kriegsbereitschaft vieler, die als Akteure an den Dilemmata beteiligt sind, liegt. Ihre Analysen sind zumeist scharfsichtig, aber es fehlt meistens die ganz praktische Bereitschaft, sich als Christen persönlich zu engagieren, um mögliche Zwischenschritte auf politische Konfliktlösungen zu erreichen. Ihre moralische  Kritik geht nicht über in das harte Geschäft von realer Friedenspolitik.

In den folgenden sieben kleinen Reflexionen habe ich versucht, meine anthropologisch kritisch-realistische Sicht und die Notwendigkeit von notwendigen und real möglichen komparativischen Veränderungsstrategien aufzuzeigen. Mir bleibt aber dabei bewusst, dass auch dies nur Möglichkeiten sind. Es kann auch alles enden in der Selbstvernichtung der bewohnbaren Welt.

Lec sagte: „Ich würde ja lachen, sie würden mit der Zerstörung der Welt nicht vor ihrem Ende fertig.“

Arno Lohmann von der Evangelischen Stadtakademie sei Dank, dass unter seiner Moderation ein langes Gespräch mit Freunden und Bekannten stattgefunden hat. Dank auch denen, die sich bereit erklärt haben, in Zustimmung und Kritik auf meine Thesenreihe zu antworten.

Bochum, im Sommer 2018                    Günter Brakelmann

Übersicht

# Reflexionen I. und Reflexionen II.

## I. Theologisch-anthropologische und ethische Reflexionen zur Politik und Geschichte



## II. Historisch-politische Reflexionen

Günter Brakelmann

# I. Theologisch-anthropologische und ethische Reflexionen zur Politik und Geschichte

## 1. Wenn der Zivilist Krieger wird

Kurt Marti sagt: „Alle bildlichen Darstellungen Gottes, die ich kenne, stimmen erstaunlicherweise in einem Punkt überein: immer ist Gott Zivilist, nie trägt er Uniform."

Man könnte hinzusetzen: genau so ist es mit Bildern von Jesus. Dieser Urzivilist ist von uniformierten und dekorierten römischen Soldaten mit Zustimmung der jüdischen oberen Religionsorgane und auf das Verlangen jüdischen Volkes gekreuzigt worden.

Das Geschäft der uniformierten Soldaten war in der Weltgeschichte immer das gleiche: sie bereiteten sich auf Kasernenhöfen und auf See- und Landmanövern auf den Ernstfall vor: das Töten derer, die von der politischen Führung als die Feinde erklärt worden waren. Sie fragten in der Regel nicht nach den genaueren politischen und moralischen Gründen für den Einsatzbefehl, sondern befolgten blind die Befehle von oben. Befehlsverweigerung ist die seltene Ausnahme. Da die Soldaten den Status einer den Obrigkeiten untergeordneten Berufsgruppe hatten, waren sie durch einen Eid verpflichtet, den obersten Befehlshabern Folge zu leisten. Eine eigene Gewissensprüfung war ausgeschaltet. Sie gehorchten – ohne Widerrede. Sie finden sich – auch wenn sie die blutigen Realitäten des Krieges kannten – ohne inneren Widerstand mit dem unterschiedslosen Töten von Menschen, mit dem Zerstören der zivilisatorischen und kulturellen Infrastrukturen, mit dem Plündern und Ausrauben fremden Gutes, mit dem Foltern von Gefangenen und mit dem Vergewaltigen von Frauen ohne Gewissensbisse ab. Gegen diese bisher in jedem Krieg losgelassene Soldateska gibt es kaum ein Aufhalten. Der sich selbst radikalisierende Krieg gehört zum Wesen des Krieges. Und etlichen Offizieren und Soldaten macht es schließlich sogar Spaß, Menschen zu töten und Dörfer und Städte zu zerstören.

Die immer vorhandenen dunklen Seiten der conditio humana können sich vor allem in Kriegszeiten ungehemmt entfalten. Der Jagdflieger jubelt, wenn er ein feindliches Flugzeug abgeschossen hat und es auf der Erde mit seinem feindlichen Flieger zerschellen sieht. Der Bomberpilot freut sich, wenn seine Bomben die Ziele getroffen haben. Dass da Menschen zerrissen und Häuser zerstört werden, daran denkt er kaum. Er vollzieht auftragsgemäß sein Kriegshandwerk.

Und sog. Einsatzkommandos hatten keine Hemmungen, Dörfer und Bauernhäuser anzustecken und ihre Bewohner zu liquidieren. Sie vollzogen eine Notwendigkeit im Ausrottungskrieg.

Wenn der Zivilist in Uniform gesteckt wird, zeigt der sonst Vernunftbegabte und moralisch Sensible seine anderen Möglichkeiten. Als Krieger wird er der andere Mensch, der Antimensch. Er vernichtet sich selbst als homo sapiens. Die pathetischen Beschwörungen des Dienstes an Volk, Vaterland und Staat geben ihm auch als praktizierendem Untermenschen ein gutes Gewissen. Die Pervertierung ist perfekt.

## 2. Die Macht der Lüge

Sie ist die Großmacht zwischen den Menschen, die das Privileg haben, eine Sprache zu besitzen, mit der sie ihr Selbstverständnis, ihre Gefühle, Wünsche und Ziele ausdrücken können. Aber was sie am besten mit ihrer Sprachfähigkeit in bestimmten Lagen inszenieren, ist das Lügen. Sowohl ihre pathetischen Selbstinterpretationen wie die diffamierenden Urteile über Menschen, die anders sind als sie, sind Lügengebäude, die sie als Schutzwälle um sich legen. Sich selbst immer als die besseren Menschen zu interpretieren, ist die normale Alltagslüge. Die Pfeile ihrer Lügen treffen ohne Unterschied den oder die, die vor ihrem biologischen Tod das moralische, unbarmherzige Todesverdikt treffen soll. Andere zum Abschuss reif zu machen, andere zum Inbegriff des Untermenschentums zu stilisieren, um sie mit eigenem guten Gewissen aus der Geschichte liquidieren zu können, – das ist die Methode der Weltmacht Lüge. Die politische Weltgeschichte als Machtgeschichte hat mit ihren gezielten Lügen die realen Katastrophen vorbereitet.

Einfach und eingängig sind die Charakterisierungen:

– Die Demokraten sind …
– Die Liberalen sind …
– Die Sozialisten sind …
– Die Kommunisten sind …
– Die Kapitalisten sind …
– Die Juden sind …
– Die Rassen sind …
– Die Reichen sind …
– Die Klassen sind …
– Die Völker sind …
– Die Regierungen sind …

Die einfachen Urteile und die mit der Geste von Wahrheit verkündigten Urteile machen Regierungen, Parteien und einzelne Menschen bereit, den unausweichlichen „heiligen Krieg" vorzubereiten und ihn schließlich als Vernichtungskrieg zu führen. Die zuvor verbreiteten Halbwahrheiten und Lügen können den Krieg als einen „gerechten Krieg" proklamieren. Im Namen der eigenen moralischen und kulturellen Überlegenheit kann man den Vernichtungsapparat gezielt in Gang setzen. Der überwiegenden Gefolgschaft der eigenen Nation darf man sich gewiss sein, wenn man gekonnt lügt. – Zur Illustration: was haben vor den und in den zwei Weltkriegen die nationalen Presseorgane, die politologischen, die philosophischen und theologischen Broschüren und Bücher in ihren Analysen der feindlichen Nationen an Halbrichtigem, an Unsinnigem und Gelogenem behauptet! –

Die Lügen haben bisher in allen Kriegen zur Kriegsbereitschaft der Nationen ihren Beitrag geleistet. Ein Kranz von perfekten Lügen hat die weltgeschichtlichen Katastrophen vorbereitet und hat die Kriege in ihrem Vollzug zu totalen Kriegen mit dem Ziel der Vernichtung der Feinde gemacht. Politisch-moralische und intellektuelle Verantwortung scheinen keine Chancen gegen die Lügengeflechte gehabt zu haben.

## 3. Der bezeugte Gott und die selbst gemachten Götzen der Menschen

Nach Sprache und Inhalt gehört die Erklärung des 1. Gebotes „Du sollst nicht andere Götter haben" zu den aufregendsten Auslegungen Martin Luthers. Er geht aus von dem Satz: „Woran Du Dein Herz hängst und verlässt Dich darauf, das ist eigentlich Dein Gott." Zwei Beispiele greift er anfangs heraus. Dem einen ist der Mammon sein Gott, das sich kumulierende Geld und der sich vergrößernde Besitz: „Das ist der verbreitetste Abgott auf Erden .... Das ist eine Eigenart der menschlichen Natur; die ihr anhaftet bis in die Gruben ..."

Der andere Gott ist das Vertrauen „auf große Gelehrsamkeit, Klugheit, Macht, Einfluss, Beziehungen und öffentliches Ansehen." Man hängt sein Herz an Geld und an Herrschaftspositionen in der politischen und kulturellen Gesellschaftsordnung. Schnell ist zu erkennen, „wie die Welt allenthalben falschen Gottesdienst und Abgötterei betreibt. Denn es ist bislang kein Volk so verkommen gewesen, dass es nicht irgendeine Form von Gottesdienst aufgerichtet und gehalten hätte. Da hat jedermann das zum besonderen Gott erhoben, wovon es für sich Gutes, Hilfe und Trost erwartet hat."

Man macht Gott zu einem, zu seinem eigenen Götzen. In ihn trägt man ein, was man selbst will und erwartet.

Und in der Tat: Die Weltgeschichte vor und nach Luther ist die große reale Illustration dieser Wahrheiten über den Menschen mit seiner Selbstliebe und mit seiner Selbstverherrlichung. Seit das Geld als Tauschmittel erfunden ist, gibt es die Gier nach ihm, um zu Besitz zu kommen. Die Bereitschaft zur Vermehrung von Geld und Besitz ist tendenziell unendlich. Dieser natürliche Trieb frisst die Seele und die Moral auf. Er macht den Menschen zu einem Akteur, für den alles auf der Welt und alle Menschen zu Instrumenten seiner Reichtumsvermehrung gemacht werden. Geldherrschaft begründet Herrschaft über Menschen, sie führt zur Ausbeutung und zur Rechtlosigkeit der Dienstklassen. Die Konkurrenz unter den Mammonisten bringt eine Akkumulation des Kapitals in wenigen Händen und macht die Vielen abhängig und arm. Der Frühkapitalismus zur Zeit Luthers zerschlug die traditionelle Bedarfswirtschaft, er machte die Geldwirtschaft zum Kern des ökonomischen und sozialen Lebens. Sie ließ die Reichen immer reicher werden, sie machte den Land besitzenden Adel und die städtischen Produzenten zu ihren abhängigen Kunden. Das aufkommende Banksystem mit seiner Zinspraxis regierte und dirigierte schließlich das gesamte private und öffentliche Leben. Verbunden mit diesem epochalen Wechsel des Wirtschaftssystems war die Abnahme traditioneller Religiosität, für die Gott der Herr über die gesamte Schöpfung und über die Gewissen der an ihn glaubenden Menschen war. Die neuen weltlichen Herren folgten den Eigengesetzlichkeiten der ökonomischen Gesetze, die sich durch göttlichen Schöpfungs- und Ordnungswillen nicht stören ließen. Wer die Zinsen für das geliehene Geld nicht aufbringen konnte, verlor Hab und Gut und damit seine Existenz. Die Geldgeber wurden durch die Pleite etlicher die großen Immobilienbesitzer.

Der Vorrang der Geldbesitzer setzte sich auch um in die Praxis, dass sie die traditionellen Fürsten und übrigen Herren durch die Finanzierung ihrer Lebenslagen und ihrer ökonomischen Ziele in ihre Abhängigkeit brachten. Dadurch gewannen sie Einfluss auf deren praktische Politik. Die Fugger und andere „Handels- und Geldhäuser" regierten das Reich und seine Fürstentümer entscheidend mit. Und so ist es Jahrhunderte lang geblieben. Die reale neuzeitliche Geschichte ist nicht ohne den Einfluss der geldlichen Interessen der das Kapital besitzenden Bankhäuser zu schreiben. Der so schlicht anmutende Satz: „Geld regiert die Welt" dürfte diesen Tatbestand richtig wiedergeben.

Der Realist Luther wusste genau, dass bei der praktischen Gestaltung der ökonomischen Entwicklung zum frühkapitalistischen System der christlich verstandene Gott oder gar die Gewissens- und Verantwortungsethik der Botschaft Jesu kaum eine Chance hatten, den Geist in diesem System mitzubestimmen. Die immanente Sachlogik eines auf Geld und seine Vermehrung basierenden Gesellschaftssystems ließ kaum eine Durchbrechung der ehernen Entwicklungsgesetze des Ökonomischen durch andere personal- und sozialethische Entscheidungen zu, es sei denn zum Preis ökonomischer Verluste. Und auch die Fürsten und die anderen politisch Verantwortlichen standen unter den Zwängen des ökonomischen Vorrangs, dem sie sich um des Erhalts ihrer politischen Herrschaft willen beugen mussten.

Luther kannte genau die menschenverachtende und die mitmenschliche Verantwortung tötende Praxis der kalten ökonomischen Herren. Wie kein anderer hat er in seinen Schriften das frühkapitalistische System und seine Träger durchschaut und kritisiert. Entscheidend war für ihn, dass er dieses System mit der Instrumentalisierung und Degradierung des Menschen zum homo oeconomicus verantwortlich machte für das Absterben des in der Bibel bezeugten Gottes. Die Praktiker des Systems fragten nicht mehr nach dem Willen Gottes, der in seinen 10 Geboten die menschenfreundliche Ordnung anbot und schon gar nicht fragten sie nach dem Geist der Menschenliebe des Bergpredigers, sondern praktizierten die rationale, interessengeleitete Logik ihres selbst entwickelten Systems, das mit seinen immanenten Gesetzmäßigkeiten die Entscheidungen bestimmte. Luther hat die Entwicklung dieser Säkularisierung eines entscheidenden Sektors seiner Lebenswelt klar gesehen. Er sah die Tendenz, dass der weltliche Akteur nicht mehr sein Vertrauen auf den in der Schrift bezeugten Gott setzte, sondern sich als selbstbewussten Exekutor seiner weltlichen Interessen verstand. Er machte sich selbst zum Weltgestalter, er bedurfte nicht mehr einer Einrede von außen. Sie konnte nur sein Geschäft stören. Er übernahm die alte Ordnungsfunktion Gottes und machte sich selbst zum Gestalter der Welt, wie er sie haben wollte. Er lieferte sich damit seelisch-geistig an sich selbst aus und baute eine ihm genehme Welt mit den von ihm gesetzten Spielregeln auf. Der Mensch ohne Gott und der Mensch gegen Gott stehen am Ende des Prozesses der Selbstermächtigung und Selbstbestimmung. Genau das aber bedeutet für Luther der Tod seiner Menschlichkeit und seiner Mitmenschlichkeit. Dieser Tod tritt mit eherner Konsequenz dann ein, wenn der Mensch sich gewissensmäßig und in seinem realen Leben löst von den Bindungen an die Gebote Gottes und sich in seinem Geist nicht mehr von der neutestamentlichen Verkündigung leiten lässt.

In der Tat: zwei große Linien machen das Dilemma der Jahrhunderte nach Luther aus. Zunächst verzichtete man nicht auf den Namen Gott. Man verstand ihn als den großen Weltenlenker und den großen Weltenrichter, der von seinem Himmelsthron aus seinen Weltwillen auf der Erde durchsetzen ließ. Politische Herrscher verstanden sich als die von ihm berufenen Exekutoren seines Willens, wenn sie Kriege begannen und Länder eroberten. Es gab keine Kriege, die man nicht im Namen Gottes führte. „Mit Gott für König und Vaterland" war die fromme Parole. Und die offiziellen Proklamationen, Predigten und Gebete der Kirchen waren die religiösen Bestätigungen des politischen Herrscherwillens. Sie beteten für den Sieg der eigenen Waffen über die am Kriege schuldigen Feinde. Die Friedensbotschaft Jesu hatte ihr Moratorium. Sie spielte keine entscheidende Rolle für öffentliche christlich-patriotische Reden der Kirche. Übrig blieb eine „Theologie" ohne „Christologie".

Schließlich kam es im 20. Jahrhundert zur Entwicklung von Ideologien, die der traditionellen Religionswelt den bewussten Abschied gaben: der Bolschewismus und der Nationalsozialismus. Sie argumentierten von einem konsequenten Klassenstandpunkt oder von einer rassenbiologischen Grundposition her. Für sie wurde der Krieg ein geschichtsnotwendiges Mittel, um ihre Ziele, die kommunistische oder die arische Weltherrschaft zu errichten. Sie wollten den endgültigen Sieg einer Welt ohne den Gott der Orthodoxen und ohne den Gott der abendländischen Tradition. Die realgeschichtliche Konsequenz: das Töten und Abschlachten von Millionen von Menschen und das Zerstören von traditioneller Zivilisation und Kultur, um auf ihren Trümmern die neue Welt mit neuen Menschen und neuen gesellschaftlichen Strukturen zu schaffen.

Luther hat vierhundert Jahre zuvor diese Welt ohne den biblischen Gott heraufziehen gesehen. Er ahnte und wusste, dass eine Welt mit Menschen, die sich in ihren Gewissen nicht mehr gebunden wissen an die Gebote des Schöpfergottes und an die menschenfreundliche Botschaft des Jesus von Nazareth, in der Lage sind, die reale Hölle auf die Erde zu bringen. Und es waren reale Höllen, die Millionen von einzelnen

Menschen, von Völkern und Nationen in der Neuzeit erleben mussten. Und das im Namen der Befreiung von christlichen Glaubensinhalten und Lebensformen.

Die Erkenntnis: eine Welt mit Menschen, die aus sich selbst heraus mit ihren Entwürfen und ihren Zielen die Welt radikal verändern wollen, endet bei ihrer mörderischen Zerstörung.

## 4. Ein kaum ausrottbarer Irrtum

Viele haben geglaubt und glauben auch heute, dass Gott droben im Himmel auf seinem Thron sitzt und die Schicksale von Völkern und Nationen lenkt. Er inszeniert den Gang der Weltgeschichte. Desgleichen bestimmt er das Leben und den Zeitpunkt des Todes der Millionen von Menschen. Dieser Aberglaube lässt sich religionsgeschichtlich und religionspsychologisch erklären. Dagegen aber ist zu sagen:

Gott sitzt nicht im Himmel auf seinem Stuhl, von dem aus er die Geschichte der Erde und ihrer Menschen lenkt. Er hat seine Geschöpfe entlassen in die Verantwortung für seine Schöpfung, die die ihrige geworden ist. Und damit hat Gott sich in ihre Hände gegeben. Sie können ihn ihren Gott sein lassen, aber sie können sich auch selbst die ihnen passenden Götter zimmern oder sich selbst zum Gott machen, indem sie selbst bestimmen, was gut und böse ist. Sie haben die Freiheit, sich gegen den Schöpfer von Welt und Mensch zu entscheiden. In dieser ihrer Freiheit können sie sein Werk verzerren, verunstalten und zerstören. Die Schöpfung der Menschen durch Gott bleibt das große Abenteuer Gottes mit ihnen. Das Geschöpf kann beides: verantwortlich denken und handeln, aber es kann auch sein destruktives Potential sich austoben lassen. Es kann menschenfreundlich sein und handeln, aber es kann auch seine andere Möglichkeit ungehemmt entfalten und dem Nächsten ein reißendes Tier werden. Es kann sogar den Sinn seines Lebens darin sehen, die große Apokalypse, die Selbstzerstörung der bewohnten Welt als eine bewusste Selbstzerstörung ins letzte Werk zu bringen. Jede Perversität ist ihm möglich.

Und als Mensch, der sich nur an sich selbst bindet, d.h. auch an seine eigenen Untiefen kann er das Unterdrücken von anderen Menschen, Gruppen von Menschen und Völkern, das Auslöschen von zuvor als Feinde deklarierten Menschen und Nationen als ultima ratio proklamieren und legitimieren. Die moderne Technik mit ihren Möglichkeiten der Fremden- und Selbstvernichtung hat dem Menschen die Möglichkeit gegeben, „vor dem Ende der Welt" die Welt zu zerstören.

Und es sind technologische Eliten und studierte politische Berater der Mächtigen, die einen Kranz von Gründen angeben, das zuvor Undenkbare in Szene zu setzen. Ein kollektiver Selbstmord kann Ereignis werden als letztes Ereignis der Menschen- und Erdgeschichte. Die Apokalypse muss nicht ein tragischer Zufall sein, sondern vorbereitete und unter den Zwängen, die man selbst geschaffen hat, eine gewollte und bewusste Entscheidung. Die Erde wird „wüst und leer", wie es am Anfang war, als Gott die Erde schuf und den Menschen die Verantwortung für seine Schöpfung gab. Sein Experiment mit seiner Erde und mit seinen Geschöpfen löst sich auf in einen chaotischen Haufen verstrahlter Teilchen von Fleisch und Material. „Gesiegt" hat am Ende der Widersacher Gottes, der kein anderer war als sein Geschöpf, das die letzten Konsequenzen aus seiner Emanzipation von den lebenserhaltenden Geboten Gottes gezogen hat. Der selbstmächtige Mensch kann zum Totengräber seiner selbst und seiner Mitwelt werden. Das hat nichts mit dem Willen eines himmlischen Herrn zu tun, sondern ist die letzte Konsequenz des autonom sein wollenden Menschen ohne Gott.

## 5. Utopien und die Realitäten in der Geschichte

„Wir wollen eine freie und gerechte Gesellschaft" – so tönte es und tönt es heute in politischen Proklamationen. Man fordert für die eigene Gegenwart ein, was es noch nie in der Geschichte gegeben hat. Es ist oft versucht worden, diese hohen Werte einzulösen: durch Demokratie, durch Sozialismus und durch Kommunismus. Man hat den demokratischen Staat und die bürgerliche Gesellschaft als Raum der zukünftigen Verwirklichung der großen Menschheitsziele oder die klassenlose Gesellschaft oder die harmonische Volksgemeinschaft emphatisch als Aufgabe und Möglichkeit proklamiert. Und in allen Zukunftsverheißungen war der Wille am Werk, alles ganz anders zu machen als in den Leidensgeschichten der Vergangenheit. Die Gegenwärtigen sollten eine Zukunft ohne Gebrechen und Leid haben. Es sollte real eingelöst werden, was die Menschen in den langen Zeiten der Rechtlosigkeit, der Unterdrückung und Ausbeutung nur träumen und erhoffen konnten. Es sollte ein radikaler Bruch mit den Gesetzmäßigkeiten einer Entfremdungsgeschichte sein. Eine Revolution der Massen mit der Zerstörung der alten Herrschaftsstrukturen und mit der Liquidierung ihrer Repräsentanten sollte das Zwischenstück sein zwischen dem Alten und dem Neuen. Das Ziel einer neuen Welt erforderte zuvor die Zerstörung der alten und auf deren Trümmern sollte sich der kreative Neubau ereignen.

Greift man diese drei Beispiele aus der neuzeitlichen Geschichte heraus, so wurde durch sie bei allen Unterschieden im Einzelnen kaum etwas von den proklamierten Utopien real eingelöst. Am Ende der französischen Revolution standen Diktatur und Cäsarismus, am Ende der bolschewistischen Revolution die Diktatur des Proletariats und am Ende der „nationalen Revolution" des Nationalsozialismus die totale Führerdiktatur. Angetreten aber waren sie alle als politmessianische Bewegungen mit höchsten menschheitsbeglückenden Parolen.

Man hätte meinen können, dass diese Erfahrungen in nachrevolutionären Zeiten uns vorsichtiger und zurückhaltender gemacht und unsere Erwartungen gegenüber der Leistungskraft der Geschichte diszipliniert hätten. Es war doch überdeutlich zu sehen, dass die nachrevolutionären Zeiten neue Machtverhältnisse gebracht haben, die das Maß der Unfreiheit vergrößert und die Kriegsbereitschaft gesteigert haben. Nichts oder wenig ist besser geworden. Ausgewechselt wurden nur die Führungseliten, die die Völker im Sinne ihrer Interessen dirigiert und regiert haben.

Und man hätte sehen und beachten können, dass die sich im 19. Jahrhundert weiter ausbildenden Nationalstaaten zu Trägern einer imperialistisch-kolonialistischen Politik entwickelt haben. Nationen fühlten sich berufen, „Weltvölker" zu werden und schufen sich ihre Imperien, immer mit Hilfe modernster Technologie hochgerüstet und kriegsbereit.

Ihre Staatsbürger erzog man in Elternhäusern, in Schulen, in Universitäten und Kasernen zum nationalistischen Denken und zur Bereitschaft, einen notwendig gewordenen Krieg opferbereit zu führen. Kultur- und Machtstaat gingen ein Bündnis ein, das eigengeprägte Privatheit und autonome gesellschaftliche Entwicklungen nur schwer zuließ.

Die traditionelle Liebe der Deutschen zum starken Obrigkeitsstaat, der auch das gesellschaftliche Leben dirigierte und kontrollierte, steigerte sich schon im Ersten Weltkrieg und dann vollends in der NS-Zeit zur Zustimmung zum totalen Führersystem. Die Zustimmung zu ihm wurde zwar auch ermöglicht durch eine Reihe von innenpolitischen Gewaltmaßnahmen, basierte aber mehrheitlich auf einer überzeugten Zustimmung. Wenn auch nicht emphatisch, so doch mit einem gerüttelt Maß an innerer Überzeugung ging man in den Krieg gegen den demokratischen Westen und den bolschewistischen Osten. Die persönlichen und die gemeinsamen Leistungen und die persönlichen und die materiellen Opfer, die man für diesen Krieg und seinen Endsieg erbracht hat, sprechen für eine hohe Identifizierung einer Mehrheit des Volkes mit der Politik des Reichskanzlers und Führers.

Es erstaunt, dass diese Zusammenhänge für die Entwicklung und für die Inhalte eines geschichtlichen und aktuellen Geschichtsbewusstseins eine abnehmende Rolle zu spielen und alte Denk- und Verhaltensmuster zuzunehmen scheinen.

Man spricht und schreibt jetzt wieder offen über die Notwendigkeit und Richtigkeit des nationalen Denkens mit der Abschottung vor anderen Nationen und Kontinenten und mit der Abschaffung internationaler die eigene Politik verpflichtender Organisationen. Und wieder scheint man die mühsam erkämpften demokratischen Ordnungssysteme zu nutzen, um sie zu schwächen und sie schließlich mit ihrer formalen Hilfe aufzuheben. Und man desavouiert alle multireligiösen und multikulturellen Ergebnisse und Bemühungen.

Es dürfte sich wieder einmal zeigen, dass es wohl sehr schwer ist, „aus der Geschichte zu lernen". Je weiter die Katastrophen zurückliegen, wächst ein Potential heran, das die alten Irrungen und Wirrungen wieder revitalisiert. Gerade in Zeiten, in denen es schon schwer genug ist, internationalen Frieden zu erhalten, beschwört man den Geist eines Neonationalismus, verbunden mit aggressiver Fremdenfeindlichkeit.

Und dies ist nicht nur ein deutsches Phänomen, sondern ein in vielen europäischen Staaten verbreitete Einstellung. Sie äußert sich zudem in der Verweigerung, weitere nationale Rechte an die Europäische Union abzugeben, um einen handlungsfähigen europäischen Staatenbund als politische Grundlage für Frieden und Wohlstand zu errichten. Man lebt im 21. Jahrhundert und denkt wie im 19. Jahrhundert.

Wie kann man das erklären? Natürlich ist es auch neben vielen anderen Faktoren ein Bildungsproblem. Immer weniger Menschen scheinen sich mit der neuzeitlichen Geschichte zu beschäftigen, um immun zu werden gegen nationalistisches Denken, das immer verbunden war und ist mit der eigenen Selbsterhöhung und mit dem ihr immanenten Recht der Erhaltung und des Ausbaus seiner eigenen religiösen und kulturellen Sonderheit.

Nun ist es durchaus richtig, dass man von seiner eigenen nationalen Tradition geprägt ist, dass man ihre Literatur, ihre religiösen und philosophischen Denker kennt und sich vorrangig aus dieser Tradition das eigene Selbstverständnis bildet. Die Kenntnisse über die eigene Herkunft können nicht tief genug sein. Sie schlagen aber um in Aggressionen gegen andere nationale Traditionen, wenn man die eigene Tradition für die beste, für die tiefste und wirkungsmächtigste hält und aus ihr den Anspruch erhebt, mit seinem Geist, mit seiner politischen Verfassung und mit seinen gesellschaftlichen Strukturen weltbestimmend zu sein. Der Nationalist kennt nicht den Dialog mit anderer Nationalität oder Religiosität. Sein Werturteil liegt fest: sie sind für ihn alle minderwertiger.

Den Patrioten aber zeichnet aus, dass er offen ist für einen verständnisvollen Dialog mit anderen Nationen und Kulturen, um ein übereinstimmendes Erbe zu identifizieren und für ein gemeinsames Zusammenleben fruchtbar zu machen. Er hat auch keine Probleme, die verhängnisvollen Traditionen seiner Nation beim Namen zu nennen. Er kennt das Beieinander von gelungener und misslungener Tradition. Er kann in einen offenen Dialog mit anderen Traditionen eintreten, die ihrerseits in der Regel auch neben ihren Lichtseiten nicht zu verleugnende Schattenseiten haben.

Wir haben Gründe, diesen Dialog zu aktivieren und zu vertiefen, wenn wir uns nicht in neues politisches Unheil verstricken wollen. Man muss nur immer wissen und daran denken: Der Geist, der zerstören will, sucht immer seine Chancen und bereitet sie vor. Gefordert sind geistige und politische Anstrengungen, um ihn nicht die Macht werden zu lassen, die das historische Geschehen bestimmt.

## 6. Das Denken im Komparativ gegen irreale politische Ziele

„Wir wollen soziale Gerechtigkeit herstellen", so und ähnlich lauten Wahlkampfparolen. Man suggeriert mit diesem Slogan, dass man in der Lage wäre, so etwas wie soziale Gerechtigkeit durch eine richtige Wirtschafts-, Gesellschafts- und Sozialpolitik zu entwickeln und anzuwenden. Man ist davon überzeugt, dass man durch die Anwendung richtiger Instrumente eine gerechte Wirtschaftsordnung herstellen kann, wenn man dazu die notwendige Mehrheit bei Wahlen bekommt. Man scheint davon überzeugt zu sein, dass man, wenn man die richtigen wirtschafts- und sozialpolitischen Instrumente einsetzt, eine „gerechte Gesellschaft" errichten kann. Man glaubt an die grenzenlose Leistungskraft des politischen Eingriffs in ein Wirklichkeitsgeflecht, dass in der Vergangenheit ökonomisch-soziale Unterschiede und lebensmäßig soziale Ungleichheiten produziert hat. Da die entstandenen Ungleichgewichte moralisch und politisch nicht mehr zu verantworten sind, sollen sie aufgehoben werden. Sonst droht die Gefahr, dass immer mehr Bürger an die Armutsgrenze oder gar in die Armut geraten und bald ein Unruhefaktor im ansonsten reichen System werden und die Zustimmung zum Staat, der sich seinerseits als demokratischer Rechts- und Sozialstaat versteht, abnimmt.

Der Ruf nach einem konsequenteren Sozialstaat und nach einer Wirtschaftspraxis, die die Spaltung der Gesellschaft in immer reicher und in immer ärmer werdende Bürger aufhebt, dürfte verständlich und berechtigt, aber kaum einlösbar sein, wenn man darunter einen konsequenten Abbau der in langen geschichtlichen Entwicklungen entstandenen Ungleichheiten versteht. Diese Ungleichheiten sind in einer marktwirtschaftlich organisierten Wirtschaftsordnung entstanden, auch wenn sie durch sozialstaatliche Rahmenbedingungen und durch staatliche Eingriffe in die Ökonomie gemildert wurden, nicht aufhebbar. Hinzu kommt, dass es diese Ungleichheiten sind, die den Leistungs- und Bildungswillen der am Marktgeschehen teilnehmenden Unternehmer und Arbeitnehmer entwickeln lassen. Alle wollen die ökonomisch bessere Position, die die bessere Lebensqualität bringt.

Dieser Aufstiegswille, der für die Steigerung des gesamtgesellschaftlichen Reichtums mitsorgt, nimmt ab, wenn er nicht mehr durch besseren sozialen Status belohnt wird. Das Lohn- und Gehaltssystem, wie es sich entwickelt hat, basiert auf der Überzeugung, dass unterschiedliche Leistungen auch unterschiedlich zu entlohnen sind. Niemand aber kann sagen, dass sie „gerecht" sind. Es hat noch nie und wird es auch nie geben, dass es „gerechte Löhne". „gerechte Gehälter" und „gerechte Gewinne" gibt. Auch „gerechte Marktpreise" hat es und wird es nie geben, wie auch nicht „gerechte Preise" für Mieten und Immobilien und „gerechte Zinsen".

Alles ist Ergebnis ständiger Auseinandersetzungen im dynamischen Marktgeschehen. Letztlich sind es Machtfragen, die die widerstreitenden Marktinteressen entscheiden. Die Moral spielt hier in der Regel keine Rolle. Die ökonomischen Gesetzmäßigkeiten und Regelmäßigkeiten dominieren die Entscheidungen. Bei den Tarifverhandlungen zwischen den Tarifparteien liegen Zahlen auf dem Tisch und widerstreitende Positionen enden meistens in für beide Seiten zumutbare Kompromisse. Ganz gleich, wie die Entscheidungen ausfallen, sie verdienen nie das Adjektiv „gerecht". Auch die staatliche Sozialgesetzgebung muss sich einen Weg zwischen widerstreitenden ökonomischen und gesellschaftlichen Interessensgegensätzen bahnen. Sie lässt Sieger und Besiegte zurück. Es ist also Vorsicht geboten, gegenüber einem komplizierten Wirtschaftssystem mit seinen Spielregeln zu hohe moralische Kriterien zu erheben. Man sollte eigentlich wissen, dass jede Lohn- und Gehaltshöhe, jede arbeitsrechtliche Lösung und jede Gewinnausschüttung überhaupt nicht die Gerechtigkeitsfrage lösen können. Von vorneherein impliziert jede Entscheidung ein bestimmtes Maß an Ungerechtigkeit. Und jede Entscheidung wird von den am Verteilungskampf Beteiligten verschieden bewertet. Überhaupt ist es ein fundamentaler Irrtum zu meinen, dass sich Ungerechtigkeiten vom geschichtlichen Leben voll ablösen lassen, wie auch Unfreiheit nicht vom geschichtlichen Leben ablösbar ist.

Steigen die Gewinne der Unternehmen, so fordern die Arbeitnehmer höhere Löhne und bessere Arbeitsbedingungen. Der Kampf beginnt von neuem. Geendet hat jeder Konflikt nicht mit einem Sieg der Gerechtigkeit, sondern in der Regel mit einer Verringerung der Ungerechtigkeit. Er endet höchstens mit einer gerechteren Lösung im Verteilungskonflikt. Der Komparativ „weniger Ungerechtigkeit" ist machbar, mehr Gerechteres im ungerecht Bleibenden ist möglich.

Um diesen real möglichen Komparativ sollte man kämpfen und nicht mit dem hohen Pathos antreten, Gerechtigkeit verwirklichen zu wollen. Die vorhandene und empirisch nachweisbare Ungerechtigkeit zu minimalisieren, ist der Auftrag, der durch gezieltes Handeln einlösbar ist und als Fortschritt bezeichnet werden kann. Da jede nur denkbare Wirtschaftsordnung nicht frei sein kann von Ungleichheiten zwischen den Akteuren auf allen Seiten und Ebenen, bleibt der Kampf um weniger Ungleichheit eine bleibende, permanente Aufgabe. Oder anders: die Bereitschaft zu einem permanenten Reformismus ist die Konsequenz nüchterner Wirklichkeitsanalyse.

An jedem Tag bilden sich in allen ökonomischen Prozessen Ungleichgewichte, die immer wieder soziale Schieflagen produzieren. Es gibt weder natürliche noch organisierte Prozesse, die sich von sich aus auf eine harmonische Gesellschaft hin entwickeln. Eine harmonische Gesellschaft wird es nie geben. Natürlich kann man durch konzentrierte politische Gewalt das Gemeinwesen zur allgemeinen Gleichheit zwingen, aber am Ende wird man nur noch den allgemeinen Mangel „gerecht" verteilen. Durch allzu rigide Zähmung oder gar Ausschaltung des Eigeninteresses und der Selbstverantwortung senkt man erfahrungsgemäß den gesellschaftlichen Reichtum, der nun mal nur auf dem Boden von physischer, psychologischer und kultureller Ungleichheit der Menschen produziert wird.

Das alles bedeutet nun nicht das Akzeptieren der Ungleichheiten, sondern sie sind so zu gestalten, dass sie am Ende nicht zu den Extremen führen, dass die wenigen Reichen immer reicher und die Vielen immer ärmer werden. Es bleibt die Daueraufgabe des politischen Willens und die Aufgabe des Staates, durch gesetzgeberische Maßnahmen Rahmenbedingungen zu setzen, die das Maß der Ungleichheiten reduzieren und dadurch gerechtere Lebensverhältnisse ermöglichen. Nur staatlicher Ordnungswille kann das schaffen. Er kann auf die Dauer unzumutbare Verhältnisse durch kontinuierliche Reformgesetzgebung überwinden. Er kann das Ausmaß von existierenden Ungerechtigkeiten durch seine gesetzgeberischen Maßnahmen reduzieren, aber sie auch nicht grundsätzlich und für immer aufheben. Die relative Ungerechtigkeit bleibt ein Trabant auch des wirtschaftlichen und sozialen Fortschritts. Moralische Appelle an die Besitzenden, mit ihrem Reichtum menschenfreundlicher umzugehen oder Appelle an die Bessersituierten, mögen punktuell durchaus helfen, unterschätzen aber im Ganzen deren Behauptungswillen, die Welt so zu lassen wie sie ist. Sie profitieren von ihr. Nur die Härte von Gesetzen können hier notwendige, wenn auch immer nur relative Veränderungen schaffen. Das Wirtschaftssystem hat keine Selbstheilungskräfte. Es bedarf verantwortlicher Regulierung durch den Sozialstaat. Dieser hat den Auftrag, mit den Mitteln gemeinwohlorientierter Wirtschafts- und Sozialpolitik eine gesellschaftliche Ausgleichspolitik zu betreiben, um nicht die Entwicklungen ins Chaotische abgleiten zu lassen. Gleichzeitig aber hat er seine Verantwortung für eine produktive und gewinnbringende Wirtschaft. Es wird immer eine Spannung zwischen diesen beiden Staatszielen geben. Was er nicht kann – und das sollte man sehen – ist, die hochmoralische Forderung nach „sozialer Gerechtigkeit" einzulösen. Aber was er kann und muss, ist die Ermöglichung gerechterer Verhältnisse. Diesen Komparativ mit Augenmaß und Energie zu verwirklichen, ist seines Amtes.

## 7. Ein Friedensgebet

Mich erreichte folgendes Friedensgebet der Evangelischen Akademikerschaft, das typisch sein dürfte für diese Gattung von Gebeten:

*„Du bist die Quelle des Lebens.*
*Gerechtigkeit und Barmherzigkeit sind deine Gaben,*
*du Gott des Lebens.*
*Wir bitten dich: Schaffe Recht in dieser Welt.*
*Erbarme dich.*

*Führe deine Sache für die Schwachen.*
*Sieh auf die verletzten und gequälten Menschen*
*in Syrien, im Jemen, in Afghanistan und errette sie.*
*Führe deine Sache gegen die Kriegstreiber,*
*gegen die Kaltherzigen,*
*gegen die Schlächter in dieser Welt,*
*denen das Leben der Schwachen nichts gilt.*
*Wir bitten dich: Schaffe Recht in dieser Welt.*
*Erbarme dich.*

*Führe deine Sache für die Gedemütigten.*
*Sieh auf die Verachteten und Übersehenen,*
*auf die Armen in unserem reichen Land,*
*auf die Obdachlosen,*
*auf die, die trotz Arbeit, auf mildtätige Gaben angewiesen sind,*
*auf die Kinder, die sich ihrer Armut schämen.*
*Führe deine Sache gegen das Unrecht,*
*gegen die Gierigen, gegen die Hartherzigen,*
*die ihre Augen vor den Folgen ihres Tuns verschließen.*
*Wir bitten dich: Schaffe recht in dieser Welt.*
*Erbarme dich.*

*Führe deine Sache für die Menschen guten Willens.*
*Sieh auf uns, und alle, die zu uns gehören.*

*Sieh auf die Menschen, die nach dir fragen,*
*die dir vertrauen, dich loben und anbeten.*
*Sieh auf deine weltweite Kirche.*
*Führe deine Sache gegen die,*
*die deinen Gläubigen schaden, sie quälen und verfolgen.*
*Führe deine Sache gegen alle,*
*die die Liebe zu dir verachten,*
*die Kirchen, Synagogen und Moscheen anzünden,*
*die Friedhöfe schänden,*
*die Angst unter deinen geliebten Menschen verbreiten.*
*Wir bitten Dich: Schaffe Recht in dieser Welt.*
*Erbarme dich.*

*Du Ewiger, du Barmherziger, du Quelle des Lebens,*
*Trost der Sterbenden und Trauernden.*
*Dein Sohn Jesus Christus bittet für uns.,*
*im vertrauen wir.*
*Um seinetwegen rufen wir zu dir:*
*Schaffe Recht in dieser Welt.*
*Erbarme dich. Amen."*

In keiner Weise will ich bestreiten, dass dieses Gebet angesichts der beängstigten Realitäten in der weiten Welt berechtigt ist. Es werden die Tiefpunkte unserer Gegenwart klar angesprochen. Aber ich möchte das Folgende zu bedenken geben.

Es heißt: *„Schaffe Recht in dieser Welt"*,
*„Führe deine Sache für die Schwachen … gegen die Schlächter in dieser Welt"*,
*„Führe deine Sache für die Gedemütigten … gegen die Gierigen, gegen die Hartherzigen"*

Hier wird ein allmächtiger Gott angerufen, das zu tun oder zu Ende zu bringen, was die Erdbewohner mit ihren nationalen Regierungen und mit ihren internationalen Organisationen nicht erreicht haben. Nun soll Gott es richten, die Rechtlosigkeit, die Unterdrückung, die sozialen Ungerechtigkeiten und die kriegerischen Aktionen zu beenden. Er wird angerufen, überall in der Welt wieder Recht zu schaffen und Frieden zu stiften.

Man wird fragen dürfen: was ist das für ein Gott, dem hier das Amt gegeben wird, die zerstörte und die sich in weiterer Zerstörung befindliche Weltordnung in eine Welt des Friedens und des Rechts zu verwandeln? Hier dürfte doch der Glaube am Werk sein, dass der angerufene Gott auf seinem Thron im Himmel die Geschichte seiner Schöpfung in der Hand hat und jederzeit mit seiner göttlichen Allmacht in den Weltenlauf eingreifen kann. Auch setzt man voraus, dass der himmlische Weltenlenker weiß, wie es da unten zugeht, wer die Akteure der Zerstörung seiner Welt, wer die Schuldigen an diesem Weltdilemma sind.

Dieser in die Geschichte eingreifende Weltenlenker und Weltenrichter dürfte eine fromme religiöse Konstruktion sein. Es ist eine Hoffnung, die nirgends verheißen ist. Hinter dieser Konstruktion verbirgt sich das Eingeständnis des schuldhaften Versagens der auf der Erde Verantwortlichen, die nicht in der Lage sind, gute Ordnungen zu schaffen. Sie haben ihre Verantwortung, die ihnen aufgegeben ist, nicht wahrgenommen. Sie sind fundamental schuldig geworden gegenüber ihrem Mandat, Vernunft und Frieden walten zu lassen. Eigentlich hätte am Anfang des Gebets ein Schuldbekenntnis stehen müssen, dass man verantwortungslos oder sogar gewollt der Welt ein schreckliches Gesicht gegeben hat, dass man die durchaus bekannten Normen und Kriterien für ein gutes Zusammenleben nicht durchgesetzt hat, stattdessen sich selbst zum Unmenschen entwickelt und aktiv betrieben hat, dass Menschen, Völker und Nationen sich über die göttlichen und menschenrechtlichen Imperative hinweggesetzt haben. Man hat sich seine eigenen Götter gemacht, die zu den eigenen Interessen und Machtansprüchen gepasst haben. Auch und gerade in christlichen Breiten hat man in einem Jahrhundert zwei totale Kriege geführt, die alle personalen und sozialen Grundrechte wie auch das Völkerrecht außer Kraft gesetzt haben. Es waren doch die verantwortlichen Politiker und militärischen Eliten, die den millionenfachen Mord auf ihr Gewissen geladen haben.

Soll dieses Gemetzel unter Anwendung modernster Technik vom himmlischen Weltengott gewollt gewesen sein? Nationale Religionsprediger aus dem kirchlichen Umfeld haben dies immer behauptet: die Kriege sind göttlicher Weltwillen. Die von ihm zum Sieg auserwählten Nationen haben den Krieg als Vernichtungskrieg gegen die am Krieg schuldigen und unterwertigen Feinde bis zum Siegfrieden zu führen.

Hier und anders zeigt sich, dass man den Namen „Gott" sehr verschieden gebrauchen kann: als Kriegsherr, der die Schlachten lenkt oder als Gott des Friedens, der die Herrschaft des Rechts und keine Gewaltanwendung will. So zimmerte und zimmert man sich bis heute den Gott so zurecht, wie man ihn für die eigene Position gebrauchen kann. Auch die Aufgabe der Kirche kann man entsprechend sehr verschieden bestimmen: als die die Kämpfer segnende Kirche oder als Verkündigerin des Friedens. Wie und wozu man es auch macht: es bleibt eine selbstmächtige Vereinnahmung Gottes für eigene Zwecke und Ziele.

Dieser Gott scheint im religiösen Selbstverständnis auch vieler Zeitgenossen nicht auszusterben. Man bittet ihn, jeweils das zu tun, was man selbst möchte oder das zu lassen, wovor man Angst hat. Er wird zu einem Erfüllungsgehilfen gemacht. Des Menschen Wille hat ihn fest in der Hand.

Die biblische Sicht Gottes stimmt mit den selbst gemachten Gottesbildern der religiösen Phantasien nicht überein. Im Schöpfungsbericht bekommen die Menschen den Auftrag, die Erde zu bebauen und zu bewahren. Ihr irdisches Menschsein erfüllt sich in dem Mandat, diese Aufgabe zu übernehmen. Sie tragen die Letztverantwortung für die Geschichte ihrer Erde und für den Umgang mit der Natur. Das Geschöpf Gottes wird der Schöpfer einer bewohnbaren Welt. Die 10 Gebote Gottes bieten die Normen für eine mitmenschliche Lebensordnung.

Aber dem Geschöpf Gottes ist auch die Freiheit gegeben, sich nicht vom göttlichen Weltwillen bestimmen zu lassen. Er kann selbst sein wollen wie Gott und selbst bestimmen, was gut und böse ist. Er kann der Widersacher Gottes werden. Die Geschichte kennt die Praxis der Geschöpfe, sich nicht in den Ordnungswillen der Gebote zu stellen, sondern sich eine andere Ordnung mit selbst bestimmten Normen und Regeln zu schaffen. Die Folgen waren bisher immer unbegrenzter Herrschaftswillen, ungehemmte Ausbeutung von Natur und Menschen wie System gewordene Rechtlosigkeit. Der realgeschichtliche Mensch zeichnet sich aus durch eine tiefe Ambivalenz: er kann seinen Mitmenschen geschwisterlich begegnen, wenn er sich gebunden weiß an die Menschenfreundlichkeit der Gebote Gottes, aber er kann auch die in seinem natürlichen Menschsein und in seinem Geist liegenden Untiefen dominant werden lassen. Er ist nie nur der gute Mensch, er kann schnell des anderen Menschen Feind werden.

Das Dramatische ist, dass Gott nicht spektakulär gegen die sich von ihm entfremdeten und nur sich selbst wollenden Menschen eingreift, sondern sie sich austoben lässt. Die sich einstellenden Katastrophen sind nicht sein Wille gewesen, sondern die Folgen der sich selbst fehlleitenden Menschen. Diese seine schuldig gewordenen Geschöpfe bereiten ihm Schmerzen, da er sehen muss, dass das verkehrte auf sich selbst abgerollte Menschentum nicht von sich aus zum Ursprung des Schöpfergottes und seiner Gebote zur Menschwerdung des Menschen zurückkehren will.

Gott, wie er in der neutestamentlichen Botschaft bezeugt wird, macht ein zweites Angebot auf der geschichtlichen Ebene. Er lässt durch Jesus von Nazareth verkündigen, was sein Angebot an einzelne Menschen und an die gesamte bewohnte Welt ist. Aber auch das „Ereignis Gott in Jesus Christus" endet in der Katastrophe, als die politischen und religiösen Oberherren ihn in einer konzertierten Aktion ans Kreuz bringen. Sie wollen nicht seine Alternativen für ein anderes menschliches als mitmenschliches Leben. Die Antwort der Mächtigen ist das Töten der Tugenden der Nächstenliebe, der Barmherzigkeit und der Gerechtigkeit. Gott, der Schmerz Erfahrene antwortet nach der Überlieferung der glaubenden Gemeinde mit der Auferweckung des Gekreuzigten und lässt als Gegenwelt zum politisch-religiösen Machtsystem die Kirche Jesu Christi entstehen, die sich gebunden weiß an das von Jesus als dem Christus Gottes verkündigte Evangelium. Dieses war und ist seitdem der ewige Gegenentwurf zum Alltag der Welt, die aber nicht in der Lage ist, Nächsten- und Feindesliebe zum Kern des weltlichen Handelns zu machen. Die Welt bleibt immer „Welt", Stätte des nie auszurottenden Geistes, dessen Leidenschaft das Zerstören ist.

Für die Kirche und ihre Christen ergibt sich im vollen Wissen um die Dramatik und Tragik dieser Situation ein klares Mandat: den Kampf aus dem Geist Jesu Christi heraus gegen die „Mächte der Finsternis" immer und überall aufzunehmen. Sie haben sich dahin zu begeben, wo Menschen ihrer Menschlichkeit beraubt werden und zu Objekten fremden Gewaltwillens gemacht werden. Dies aber geschieht in der nationalstaatlich organisierten Weltgesellschaft wie in den unmittelbaren ökonomischen und sozialen Beziehungsgeflechten. Die praktische Konsequenz kann für Christen dann – getrieben von den Geboten Gottes und von dem Geist, der in Jesus Geschichte geworden ist - nur sein, den ganz realen politischen Kampf für vernünftigere und menschengerechtere Ordnungen vor Ort und in der Welt aufzunehmen. Dies geschieht heute unter säkularen Bedingungen. Das Ziel kann nicht sein, einen „christlichen Staat" oder eine „christliche Gesellschaft" oder ein „christliches Wirtschaftssystem" aufzubauen, sondern die personal- und sozialethischen Normen und Kriterien, gewonnen aus dem Hören biblischer Zeugnisse, in eine vernünftigere und menschengerechtere Säkularität einzubringen. Am Ende kann für Christen nur dieses bewusste politische Engagement stehen. Sie müssen sich selbst einbringen in die Prozesse praktischer Veränderungen des staatlichen, des zwischenstaatlichen und des ökonomisch-gesellschaftlichen Lebens. Zuschauer in der Geschichte können sie nicht sein, wenn sie den Einbruch eines menschenfeindlichen Geistes verhindern wollen. Wenn sie dieses Engagement eingehen, werden sie schnell lernen, wie schwer es ist, ein auch nur einigermaßen gutes Gemeinwesen und eine einigermaßen friedliche Staatenwelt mit aufzubauen. Und sie werden schnell erfahren, dass es nicht ohne Schuldigwerden bei der Lösung von binnengesellschaftlichen und außenpolitischen Konflikten abgeht. Sie werden Gott um Vergebung und um neue Kraft bitten, die Last der Mitverantwortung zu tragen. Worum sie aber nicht bitten können, ist, dass Gott vollende, was ihnen nicht gelungen ist. Gott ist nicht ihr Erfüllungsgehilfe.

Das gut gemeinte Friedensgebet ist von seiner sprachlichen Struktur her das religiöse Gebet eines Zuschauers der Weltszene, aber nicht eines Kombattanten für eine andere, menschenfreundlichere politische Welt. Es formuliert durchaus richtige Analysen der Gegenwart und Wünsche für die Zukunft, verpflichtet aber den Beter nicht zum Einsatz der eigenen Existenz für eine Gegenwelt zur bestehenden. Es gibt zu schnell an Gott ab, wo zunächst die Mitverantwortung des Christen gefragt wäre.

Ein anderes Gebet könnte so aussehen:

*„Gott, du hast deinen Geschöpfen den Auftrag gegeben, diese Welt mit ihrer Natur und mit ihren Menschen zu einer menschenfreundlichen, vom Geist der Menschenliebe bestimmten Heimat für alle zu machen. Das ist in vielen Völkern und Staaten einigermaßen gelungen. Aber es kamen und kommen immer wieder Zeiten, in denen sich die politisch Mächtigen und Verantwortlichen von ihrer Herrschsucht und ihrem Machtrausch treiben lassen und erbarmungslos menschliches Leben ausrotten oder Völker ausbeuten. Sie hatten und haben keine Probleme, Kriege als Mittel für die Durchsetzung ihrer imperialen Interessen und Ziele zu führen. Sie verloren in ihren grenzenlosen Eroberungspraktiken jedes Maß an Menschlichkeit und Vernunft. Und autoritäre und totalitäre Systeme entzogen den Bürgern die Rechte als Staatsbürger und sahen in ihnen nur Instrumente für ihre Machterweiterungen. Deine Schöpfung wurde durch Waffengewalt zerstört und deine Geschöpfe zu Opfern einer hemmungslosen Tötungsmaschinerie gemacht. Ströme von Blut durchziehen die Geschichte.*

*Du hast dieses nicht gewollt, aber die, die sich zu deinem Widersacher gemacht haben, konnten sich mit ihren menschenfeindlichen Potentialen austoben. Dass es soweit gekommen ist, ist auch – und das müssen wir vor Dir bekennen – eine Schuld von Christen und ihrer Kirche. Sie haben nicht den Geistern einer dir und deinen Geboten entfremdeten Welt widerstanden, sondern haben aggressivem Nationalismus und Imperialismus ihren Segen gegeben. Und der Zerschlagung des Rechtstaates wie dem Vernichtungsantisemitismus haben sie auch nicht einmütig widerstanden. Deine Kirche und ihre Christen sind mitschuldig geworden an den Katastrophen der Geschichte. Dieses gilt es vor dir zu bekennen, wenn wir einen Neuanfang im Kampf gegen neu ausgebrochene Kriege und gegen einen möglichen neuen atomaren Weltvernichtungskrieg machen.*

*Wir bitten Dich um die Einsicht und um die Kraft, uns an der Auseinandersetzung zwischen deinem Geist und den „Mächten der Finsternis" aktiv zu beteiligen. Gib uns die Kraft, uns mit unserer geistigen und seelischen Existenz in diesen Weltenkampf einzubringen. Gib uns die intellektuelle Kraft, uns mit der Geschichte der Entwicklung der durcheinander geratenen internationalen Welt zu befassen, um die möglichen Ansätze einer Friedenspolitik zu erkennen. Gib uns die analytische Kraft zu erkennen, welchen Anteil die weltwirtschaftliche Praxis hat, Konflikte in kriegerischen Auseinandersetzungen enden zu lassen.*

*Hilf uns, nicht bei Klagen und Anklagen gegen die Verantwortlichen der Misere zu bleiben, sondern lass uns unsere Zuschauerstellung überwinden und an unserem Teil mit unseren Mitteln daran politisch mithelfen, dass die nächste Katastrophe verhindert wird und vielleicht die geistigen und politischen Grundlagen für eine friedlichere und gerechtere Welt gelegt werden können."*

Günter Brakelmann

# II. Historisch-politische Reflexionen

## 1. Reaktion und Fortschritt im 19. Jahrhundert

Ich wäre in meinen sieben Reflexionen falsch verstanden, wenn ich nicht auch die Fortschritte in den allgemeinen Geschichtsprozessen und vor allem in der deutschen Geschichte sehen würde. Aber es gibt eben keine ungebrochene Fortschrittsgeschichte. So sind nicht zu leugnende neuzeitliche Fortschritte in der deutschen Geschichte des 19. Jahrhunderts nur in ständiger Auseinandersetzung mit den politisch und gesellschaftlich herrschenden Schichten erzielt worden. Und diese Kämpfe waren immer verbunden mit Opfern derer, die Reformen wollten. So haben die sog. Freiheitskriege gegen Napoleon nach ihrem Ende nicht die versprochene politische und rechtliche Freiheit des Volkes gebracht. Die hohen Erwartungen der bürgerlichen Denker und Literaten wurden nicht eingelöst. Stattdessen kamen die Karlsbader Beschlüsse gegen die „Demagogen". In den folgenden Jahrzehnten wurden die liberalen Geister in den deutschen Fürstentümern beruflich und rechtlich verfolgt. Die staatliche Justiz, die Staatsverwaltungen und die staatliche Universitätsaufsicht gingen scharf gegen liberale und demokratisch denkende und schreibende Kräfte vor. Die Teilnehmer des Wartburgfestes 1817 und des Hambacher Festes 1830 gerieten in das Netz staatspolizeilicher Maßnahmen. Die Zeit im sog. Vormärz, also die Zeit von 1840 bis zur bürgerlichen Revolution 1848/49, bringt die politisch-bürokratische Unterdrückung aller freiheitlichen Geister in Literatur und Wissenschaft. Die Anhänger des in Frankreich aufgekommenen „Frühsozialismus" und die Befürworter des „Kommunistischen Manifestes" wurden in Deutschland durch die Polizeiorgane verfolgt und durch Gerichte verurteilt. Etliche gingen ins Exil nach Frankreich oder wanderten in die USA oder in andere Staaten aus.

Kurzum: die emanzipatorischen Freiheitsbewegungen haben immer nur am Rande eine Wirkung und Bedeutsamkeit gehabt. Auch die spätere Tatsache, dass im Reichstag des Zweiten Deutschen Reiches nationalliberale Parteien eine Mehrheit gehabt haben, hat keinen Fortschritt in der Demokratisierung des Reiches gebracht. Die nach 1871 immer stärker werdende Sozialdemokratie ist von 1878 bis 1890 eine verbotene Partei gewesen, die unter strengster Polizeiaufsicht stand. Auch als sie nach 1890 immer stärker wurde und bei den letzten Wahlen vor dem Ersten Weltkrieg stärkste Fraktion im Reichstag wurde, hat sie sich nicht durchsetzen können gegen das obrigkeitliche System, die Militarisierung der deutschen Politik und gegen den Geist des Imperialismus und Kolonialismus. Die deutschen Führungseliten in Staat, Militär, Gesellschaft und Wirtschaft bestimmten weithin die Restriktionen gegen die Gegner des monarchistischen Obrigkeitssystems und waren Stützen der Kaiserlichen „Weltpolitik". Es gab dann 1914 in weiten Teilen der Bevölkerung eine „Kriegsbegeisterung". Die Sozialdemokratie trug zunächst in patriotischer Solidarität den Krieg als Verteidigungskrieg mit. Sie wollte das „Vaterland nicht im Stich lassen". Den schnellen militärischen Siegen am Anfang des Krieges folgte im Westen der jahrelange Stellungskrieg. Die Verluste an Soldaten und Material wurden im Westen wie im Osten immer größer und in der Heimat wurden die Belastungen immer schwerer und schließlich hungerte ein nicht geringer Anteil besonders der städtischen Bevölkerung. Im „Epochenjahr" 1917 wurde der Krieg unter der Führung der Obersten Heeresleitung (Hindenburg und Ludendorff) ein totaler Krieg. Alle und alles hatten sich in seinen Dienst zu stellen. Endgültig hatte sich die Politik in den Dienst der militärischen Ziele und der damit verbundenen Maßnahmen im zivilen Bereich zu stellen. Am Ende des Krieges, der zum größten Teil in Feindesland geführt worden war, beklagte man rund 2 Millionen Soldatentode. Und Millionen von Überlebenden lebten ohne materielle Ressourcen und waren seelisch zermürbt.

## 2. Die „Revolution" von 1918 und das Dritte Reich

Die „Revolution von 1918" brachte den politischen Sturz der Monarchie und ihrer Repräsentanten, aber sie brachte keinen konsequenten

Umbau der gesellschaftlichen Machtverhältnisse. Nach kurzer Irritation erstarkten die traditionellen Machtstrukturen der industriellen und agrarischen Interessenverbände und die Eliten in der Justiz und in der Verwaltung wehrten sich mit Erfolg gegen alle demokratischen Strukturreformen. Hier bildeten sich vom Anfang der Republik an der Widerstand gegen den Aufbau eines demokratischen Rechts- und Sozialstaates. Die anfängliche reformorientierte Mehrheit im Reichstag bestimmte nach Wahlniederlagen immer weniger die innen- und rechtspolitischen Prozesse. Ihr gegenüber stand die immer stärker werdende Sammlungsbewegung der „nationalen Opposition". Der verfassungsrechtliche Übergang von einem staatsautoritären Obrigkeitssystem in ein republikanisches Gemeinwesen war gelungen, aber nicht die Auswechslung der für die deutsche Niederlage verantwortlichen Kräfte und Politiker. Für die nationalkonservativen Kräfte begann mit der Gründung der Republik der Kampf gegen sie.

Und doch sind die Gründung und die Praxis der Republik als Fortschritt in der deutschen Geschichte zu bezeichnen – auch wenn er mühsam errungen worden ist. Sie belastete in den Augen vieler Deutscher von Anfang an, dass sie ein Produkt der größten politisch-militärischen Niederlage des deutschen Reiches gewesen ist und der Versailler Vertrag die tiefste Demütigung der nationalen Seelen war. Hinzu kam, dass die Republik mit ihrem Parteiensystem und mit ihren pluralistischen Weltanschauungen nicht dem gewohnten „starken Staat" und einer „formierten Gesellschaft" entsprach. Demokratie war für viele als ein „westlicher Import" eine undeutsche Staats- und Lebensform. Und die vorstaatlichen Grund- und Menschenrechte galten als Grundirrtum der politischen Philosophie der Aufklärung.

Eigentlich wundert es, dass diese Republik mit ihrem demokratischen Wertekanon angesichts ihrer Belastungen von innen und außen so lange existiert hat. Sie konnte nie die aggressiven politischen und weltanschaulichen Vorbehalte vieler verschiedener nationalkonservativer Kreise überwinden. Die Republikaner konnten ihrerseits darauf hinweisen, dass die Kaiserliche Regierung eine Mitverantwortung für den Ausbruch des Krieges gehabt und ihn als europäischen Eroberungskrieg betrieben hat. Er sollte enden mit einem „Siegfrieden" als Voraussetzung einer deutschen Weltmachtpolitik. Dieser imperiale Krieg kostete Millionen von Menschenleben, Verlust der Heimat und ein elendes Alltagsleben. Die für diesen Krieg verantwortlichen Politiker und Militärs wurden nie zur Rechenschaft gezogen. Sie lebten als hoch bezahlte Pensionäre der Republik weiter, während Hunderttausende von Kriegsbeschädigten und die Angehörigen der Gefallenen ein eingeschränktes Leben führen mussten.

Der Untergang der Republik kündigte sich an, als einer der Hauptakteure des Krieges 1925 zum Staatspräsidenten gewählt wurde. Er spielte für viele die Rolle eines frommen Ersatzkaisers. Für viele Deutsche waren neben den Gebietsverlusten durch das „Versailler Diktat" die Reparationen eine tiefe Demütigung. Die Summe der verschiedenen kritischen Vorbehalte gegenüber der Republik und der offene Hass gegen sie erklärt es, dass die spätere Politik Hitlers gegen den „Versailler Schandvertrag", der Austritt aus dem Völkerbund, die Einführung der Allgemeinen Wehrpflicht und die Aufrüstungspolitik mehrheitlich mitgetragen wurden. Das war angesichts der langen deutschen Tradition der Liebe zum starken Staat mit einer starken Wehrmacht nicht verwunderlich. Hinzu kam später die mehrheitliche Zustimmung zum Polenfeldzug als berechtigte Reaktion auf die Wegnahme deutscher Ostgebiete. Nach den großen Siegesfeiern über das traditionell verhasste Frankreich erreichte die Zustimmung zu Hitlers Revision der europäischen Landkarte ihren Höhepunkt. Auch wenn es im Gegensatz zum Ersten Weltkrieg keine Kriegsbegeisterung gegeben hat, so wurde auch der Krieg gegen den Bolschewismus als „Weltfeind" von der Mehrheit als politische Notwendigkeit angesehen. Hitler, der 1933 als Überwinder des deutschen und internationalen Kommunismus gefeiert worden war, holte nun aus zum großen Schlag gegen den „moral- und kulturlosen" Bolschewismus. Das deutsche Volk hat den Zweiten Weltkrieg in allen Phasen mehrheitlich gehorsam zum Führerwillen mitgetragen.

Es zeigt sich, dass die durchaus vorhandenen demokratischen Parteien und die auf internationale Friedensverträge setzenden Politiker in der Weimarer Republik zu schwach waren, um den Siegeszug der nationalsozialistischen Politik aufzuhalten. Die Schwächen dieser Republik wurden die Voraussetzungen für die Stärke des folgenden autoritären und schließlich totalitären NS-Systems. Die sich bildenden Kreise eines politischen Widerstands mit dem Ziel des Sturzes Hitlers und seines Systems waren kleine Kreise, die auf keine große Zustimmung im Volk rechnen konnten. Nach ihrem versuchten Attentat auf Hitler am 20. Juli 1944 erreichte die Zustimmung zu Hitler ihren letzten Höhepunkt. Die Hitlerhörigkeit der meisten Deutschen endete erst, als Hitler tot und der Krieg verloren war.

## 3. Der Zweite Weltkrieg und die Kapitulation

Es waren die anfangs militärisch schwachen Westalliierten, die bald im Verbund mit der stalinistischen Sowjetunion ein wachsendes Militärpotential gegen die Armeen Hitlers entwickelten und mit ihrer militärischen Überlegenheit an Soldaten und Kriegsmaterial die sich verzweifelt wehrenden deutschen Streitkräfte, die vom Juli 1944 bis Mai 1945 doppelt so viele Verluste haben sollten wie in allen Kriegsjahren zuvor, auf das deutsche Reichsgebiet zurück drängten. Am Ende standen die bedingungslose deutsche Kapitulation, der Verlust der Ostgebiete und die Aufteilung des Reiches in vier Besatzungszonen. Der Westen Deutschlands wurde nach und nach politisch und militärisch in den demokratischen Westen eingegliedert, der Osten Deutschlands wurde ein Teil des Sowjetimperiums. Bis 1990 hat es zwei durch Mauer und Stacheldraht getrennte deutsche Staaten gegeben.

Was es immer zu beachten gilt: das nationalsozialistische Deutschland hat bis 1945 die Mehrheit der Deutschen zu führertreuen und opferbereiten Volksgenossen erzogen. Die Mehrheit der Bevölkerung hat die Kapitulation 1945 nicht als Befreiung von der Diktatur angesehen, sondern als Niederlage Deutschlands empfunden. Es bleibt ein brutum factum: das deutsche Volk hat sich nicht selbst von dem NS-System befreit, sondern ist befreit worden. Mit dieser Hypothek ging es in die Nachkriegszeit.

## 4. Der Aufbau eines demokratischen Rechts- und Sozialstaates

Während die sowjetische Besatzungszone sich als DDR in der Form eines sozialistischen Staates mit sozialistischer Gesellschaftsordnung unter Führung der „Sozialistischen Einheitspartei" im ständigen Kontakt zum „großen Bruder" in Moskau entwickelte, wurde die BRD unter dem Einfluss des demokratischen Westens und im Rückgriff auf eigene freiheitliche Traditionen zu einem demokratischen Rechts- und Sozialstaat entwickelt. Es geschah dies zunächst in der Phase des „Kalten Krieges" in ständiger Auseinandersetzung mit dem östlichen Kommunismus. Für sich selbst entwickelte man auf dem Grund früherer ordnungspolitischer Vorstellungen das wirtschaftspolitische Modell der „Sozialen Marktwirtschaft", das einen „Dritten Weg" zwischen dem privaten Laissez-fair-Kapitalismus und dem sowjetischen Staatssozialismus bedeuten sollte. Ein freies Marktsystem sollte mit Hilfe staatlicher ökonomischer und sozialer Rahmengesetzgebung zum Aufbau eines gerechteren Wirtschaftssystems verschränkt werden. Es waren sozialdemokratische, christdemokratische und liberale Kräfte, die neue Ordnungsformen für einen effektiven Markt mit dem Ziel der Steigerung des Wohlstandes und gleichzeitig mit dem Ziel einer human- und sozialgerechteren Wirtschaftsordnung schufen. Es ergibt sich die Tatsache, dass das westliche Deutschland sich nach zwei Weltkriegskatastrophen in einem halben Jahrhundert zu einem demokratischen Rechts- und Sozialstaat empor arbeitete. Es ergibt sich dieser Befund: Die Entwicklung zur Weimarer Republik geschah unter der Erblast des Kaiserreiches und eines verlorenen Krieges. Die Bundesrepublik hat zur Voraussetzung ein totalitäres System und einen verlorenen Krieg gehabt. Beide republikanischen Staaten haben sich nach geschichtlichen Katastrophen entwickelt.

## 5. Die Widersprüche in den gegenwärtigen Lebensauffassungen

Es ließe sich im Einzelnen viel Kritisches zur inneren Entwicklung der Bundesrepublik sagen, aber im Ganzen dürfte sie der gelungenste Staat in der deutschen Geschichte sein. Die demokratischen Parteien haben mit den von ihnen gestellten Regierungen einen Staat und eine Gesellschaftsordnung entwickelt, die im Vergleich mit unserer Herkunft einen ökonomischen Wohlstand, ein soziales Sicherungssystem und eine kulturelle Vielfalt geschaffen haben, die keiner nach dem Ende des Zweiten Weltkriegs für möglich gehalten hätte.

Dies und noch viel mehr sollte man mit bedenken, wenn es um die heutigen vielfältigen ökonomischen, sozialen und interkulturellen Probleme geht. Diese könnten alle auf dem Boden wirtschaftlicher Prosperität und unter unseren rechtlichen Rahmenbedingungen konstruktiv-kritisch auf dem geistigen Fundament demokratisch-gemeinwohlorientierten Denkens zu vernünftigen und menschengerechten Lösungen gebracht werden. Mit den nicht zu leugnenden Problemen fertig zu werden, setzt aber eine öffentliche problemorientierte Diskussion voraus. Und sie erfordert die Bereitschaft, zu zwischenzeitlichen Kompromissen bereit zu sein. Hier aber liegen für mich einige Sorgen und Ängste. Einige seien genannt:

– Die Zahl der Menschen, die die Schrecken der Kriegszeit und die Nöte der Nachkriegszeit erlebt haben, nimmt ab. Das historische Wissen der Nachgeborenen über diese Zeit nimmt ebenfalls ab. Es ist eine Generation herangewachsen, die nicht mehr weiß, was Lebensangst ist und was Einschränkungen bedeuten. Sie ist groß geworden in einer Zeit, in der fast alles für sie getan wird. Hinzu kommt eine schleichende Abnahme wertegebundener Orientierungen aus christlicher oder humanistischer praktischer Ethik. Und viele wissen nicht mehr um den Segen einer Demokratie und um die Praxis eines Engagements für die Verminderung von Unfreiheit und Ungerechtigkeit. Sie sind auf sich selbst und ihre unmittelbaren Interessen konzentriert. Die Praxis von politischer und gesellschaftlicher Mitverantwortung ist weithin ersetzt durch „den Tanz um sich selbst" und durch die Befriedigung der individuellen Bedürfnisse.

– Aber dieses muss gleichzeitig auch gesagt werden: es gibt neben dieser weithin schmarotzenden Mehrheit eine Minderheit von Jungen und Alten, die ein anderes Lebensmodell praktizieren. Sie setzen sich mit ihrer ehrenamtlichen Arbeit ein für die Bewältigung aktueller individueller und sozialer Probleme ihrer Mitmenschen. Sie durchdringen die Alltagsgesellschaft mit ihrem Geist der Zuwendung zu den Hilfsbedürftigen und Schwachen. Hinzu kommen bestimmte Berufsgruppen, seien es Meister, Lehrer, Ärzte, Krankenhauspersonal, Sozialarbeiter und viele andere, die mit ihrer stillen Arbeit praktische Lebenshilfe leisten. Keineswegs gibt es nicht nur Kälte in unserer Gesellschaft, sondern auch mitmenschliche Wärme.

Es muss auch dieses noch gesagt werden: die weitaus meisten Bürger verhalten sich in ihrem Beruf und in ihrer Freizeit nach den Regeln verantwortlicher Ethik und Lebensführung. Sie verhalten sich in ihren unmittelbaren Aufgaben und Beziehungen in der Regel als Mitmenschen.

Nur: die andere Seite, die die Optik, Akustik und die Presse hat, scheint beängstigend zuzunehmen. Skandale um Vorstandsmitglieder großer Unternehmen, um Bankbosse und um korrumpierte Chefs auf allen Ebenen tragen dazu bei, dass viele Staatsbürger ihr Vertrauen zu den Führungseliten verlieren, die zudem traumhafte Gehälter erhalten. Die Bürger sehen gut platzierte Menschen, die ihr Hauptinteresse an der Anhäufung persönlichen Reichtums zu haben scheinen. Sie scheinen moralische Maßstäbe für ein verantwortliches Berufsleben vollends verloren zu haben, ebenso den Blick für Ausgewogenheit in der Höhe von Gehältern und Löhnen. Die größte Mangelware scheint in vielen Kreisen ein geschärftes Gewissen zu sein, basierend auf christlicher oder humanistischer Tradition.

Dieses nur sich selbst wollende und sich selbst bedienende Menschentum ist aber nun nicht nur „Oben" zu finden, sondern auch in der Mitte unserer sehr differenzierten Gesellschaft entwickeln sich immer mehr ähnliche egozentrische Denk- und Lebensstile. Unter dem programmatischen Stichwort „Selbstverwirklichung" wachsen Menschen heran, denen eine soziale Mitverantwortung für ein gutes mitmenschliches Zusammenleben fremd geworden ist. Der konsequente Individualismus hat seine Konjunktur.

Aber wieder ist es nicht alles: es gibt nicht wenige Bürger, die sich freiwillig und unentgeltlich an gemeinwohlorientierten Aufgaben beteiligen und Hilfen leisten, wo es nötig ist. Und viele setzen sich ein für Völkerverständigung und setzen Zeichen des Friedens mit anderen Nationen, Kulturen und Religionen. Zudem gibt es gerade unter jungen Menschen ein nicht geringes Potential, das sich gegen die üblichen Fremd- und Feindbilder wehrt und sich um Verständnis für die Andersartigkeiten müht. Man sucht in der Geschichte und im gegenwärtigen Selbstverständnis nach gemeinsamen Werten, die ein geistiges Fundament für eine bessere Zukunft trotz bleibender Verschiedenheiten sein können.

Auch hier wieder die empirische Erkenntnis: es gibt die Wirklichkeit nur in ihren Gegensätzen und Widersprüchen. Es gibt beides: einem unverantwortlichen egozentrischen Lebensstil, der ein Höchstmaß individuellen Glücks zum Ziel hat, steht ein Denken und Handeln gegenüber, das um das Verschränkungsverhältnis von Selbstverantwortung und zugleich Mitverantwortung für eine humanere und gerechtere Welt weiß.

## 6. Die Priorität des Militärischen in der Außenpolitik

Diese Janusgesichtigkeit gilt auch für die Beurteilung der für die Staatenwelt verantwortlichen Politiker. Es gibt die, die ihr politisches Amt so auszuüben versuchen. dass es ein Mehr an befriedeter Welt und ein Zugewinn an Fortschritten in der Bekämpfung von Armut und sozialer Ungerechtigkeit gibt. Aber es gibt gerade unter den Mächtigsten in der Staatenwelt die ganz andere Praxis: sie denken in erster Linie an die politisch-ökonomische Macht ihrer eigenen Nation. Was dieser dient, gilt als geboten und legitim. Die Oberdevise „Amerika zuerst" oder „Russland zuerst" oder „China zuerst" bestimmt ihr Denken und Handeln. Sie halten durchaus politisch-diplomatische Kontakte untereinander und betonen ihre Dialog- und Friedensbereitschaft, aber sie rüsten auf, verstärken und verfeinern ihr Vernichtungspotential. Sie sind jederzeit kriegsbereit, lassen begrenzte Kriege zu und sind auch als ultima ratio bereit, jederzeit einen atomaren Schlagabtausch zu führen, auf den sie technisch vorbereitet sind. Alle sind sie grundsätzlich bereit, das bereit gehaltene Bedrohungspotential zur praktischen Anwendung zu bringen. Wenn es anders wäre, so wird man fragen dürfen: was sind die Gründe, sich einer vereinbarten konsequenten Abrüstungspolitik zu verweigern, aber bereit zu sein, die Erde unbewohnbar zu machen? Gibt es denn so starke politische Gegensätze, die diese Möglichkeit notwendig werden lassen? Bisher haben sich ihre Abrüstungsvereinbarungen als faktische Zwischenschritte erwiesen, um in ihrem Schutz die nächste perfektionierte Aufrüstung zu betreiben. Die Militärforschung kennt keinen Stillstand. Man wird doch fragen dürfen: ist man in der heutigen internationalen Weltlage überhaupt in der Lage, bei ernsthaften Konflikten auf die Anwendung nichtatomarer und atomarer Massenvernichtungsmittel zu verzichten? Selbst wenn man zunächst bereit ist, nur sog. konventionelle Kriege zu führen oder führen zu lassen: Die sog. Stellvertreterkriege der Großmächte), deren bisherige Opferzahlen seit 1945 höher sind als die im ganzen Zweiten Weltkrieg, sprechen eine überdeutliche Sprache. Und sieht man sich in einem konventionellen Krieg auf der Verliererstraße, wird man kaum auf den Einsatz seiner atomaren Vernichtungswaffen verzichten. Vernunft und Moralität haben in drohenden nationalen Katastrophen kaum eine Chance. Den Feind zu vernichten, selbst wenn man sich selbst dabei vernichtet, gehört zum nihilistischen Denken der meisten „Verantwortlichen".

Aber es gibt nun auch kleinere Nationen, die durch ihre Politik den Unfrieden zur Normalität machen. Und sie können die Großmächte als sog. Schutzmächte zur politisch-militärischen Parteinahme zwingen. So kennt der türkische Präsident vorrangig das Wohl seines Landes, wie er es versteht. Er hat nicht die Spur einer Zurückhaltung in seinen politisch-nationalen  Zielen. Er nutzt die Komplexität der politischen Gemengelage konsequent aus, um zu seinem „Frieden" in der Region nach seinen Vorstellungen zu kommen. Solche „Erdogans" gibt es in Taschenformatausgaben bei vielen nationalen Politikern, die sich selbst zudem häufig als Hüter nationalreligiöser Traditionen verstehen.

## 7. Die Schwäche der UNO

Nach dem Zweiten Weltkrieg gründeten die damaligen Siegermächte die UNO mit dem Ziel, eine bessere Politik zu betreiben als der Völkerbund von 1918 und als die Vertragsparteien im 19. Jahrhundert des Nationalismus und des Imperialismus. Doch auch diese UNO ist kaum in der Lage, entscheidende Beiträge zum Weltfrieden zu leisten. Sie protestiert, klagt Verletzungen des Völkerrechts an und verurteilt die Aggressoren. Sie kann nur Resolutionen verabschieden, wenn sie die notwendige Stimmenzahl erhält. Die meisten Mitglieder dieser Versammlung stammen aus nichtdemokratischen Ländern und verfolgen die ihnen von ihren Regierungen aufgegebenen Strategien und Entscheidungen. Eigenständiges Denken dürfte bei ihnen eine Mangelware sein. Ihre ihnen mitgeteilten Statements lesen sie gehorsam ab. Eine offene dialogische Streitkultur gibt es kaum. Diese Versammlung ist bei ihrer Zusammensetzung selten in der Lage, drohende Kriege zu verhindern oder angefangene Kriege zu beenden. Zudem ist es ein Forum, das von den Großmächten beherrscht wird. Sie verfügt nicht über konkrete Macht, sie erlebt ununterbrochen die Ohnmacht ihrer ratifizierten Werte und die begrenzte Wirkung ihrer Appelle. Sie kann völkerrechtliche Verstöße nicht ahnden und schon gar nicht Bürgerkriege verhindern. Abgedrängt wird sie auf weltweite humanitäre Hilfsmaßnahmen, die das Elend von Betroffenen verringern.

Auch die übrigen internationalen Organisationen haben eine begrenzte Reichweite. Sie können nur aktiv werden, wenn die souveränen Staaten es zulassen. Für den Aufbau einer internationalen Friedensstruktur haben sie kaum eine Bedeutung. Die letztlich uneingeschränkte Souveränität der Einzelstaaten und hier besonders die der Großmächte verhindern eine internationale haltbare Friedensordnung. Die nationalen Interessen der Einzelstaaten verhindern immer wieder internationale, rechtlich für alle verbindliche Strukturen und einmütig gefasste Entschlüsse für konkretes Vorgehen zur Sicherung des Weltfriedens. Die in der UNO zumeist mit großem Pathos gehaltenen Reden dürften eine Karikatur auf die durchschnittliche Wirklichkeit sein.

## 8. Die Leistung der Überwindung des „Kalten Krieges" und die deutsche Einigung

Noch einmal: Für die Bundesrepublik waren die Integration in die westliche Staatengemeinschaft und in das NATO-Militärbündnis unendlich wichtig. Dieses ermöglichte die weitere Entwicklung der Bundesrepublik zu einem demokratischen Rechts- und Sozialstaat und zu einem Partner in der Sicherheits- und Friedenspolitik. Die deutschen Regierungen konnten die Doppelstrategie eines „Friedens in Freiheit" mitentwickeln und eine Politik der „Annäherung durch Wandel" realisieren. Sie hat dazu beigetragen, dass der Ost-West-Konflikt nicht in einem Krieg endete – die größte europa- und weltpolitische Leistung! Und im Gefolge der Selbstauflösung des „Ostblocks" und der neuen westlichen Ostpolitik kam es zur deutschen Einigung – die größte deutsche außenpolitische Leistung mit Unterstützung der Bündnispartner. Aber ohne die Haltung des russischen Präsidenten Gorbatschow wäre sie nicht möglich gewesen.

## 9. Der neue Aufrüstungsschub

Nun hat sich die Weltlage seit den neunziger Jahren wieder entscheidend verändert. Der Zusammenbruch der Sowjetunion hat die Zahl selbständiger kleiner Staaten in Europa und Asien vergrößert. Im westlichen Vorfeld der russischen Föderation haben sich zwei größere Staaten etabliert: die Ukraine und Weißrussland. Dazu kommen die drei baltischen Staaten.

Nach einer Schwächeperiode ist nun die Russische Föderation auf dem Wege, wieder eine Weltmacht werden zu wollen. Die NATO sieht sich vor neuen Herausforderungen an ihrem Ostrand gestellt. Und die Regierungen der EU mussten auf die Annexion der Krim durch Russland reagieren. Das Ukraine-Problem ist noch lange nicht gelöst. Die NATO macht Anstrengungen zum besseren Schutz der östlichen Grenzen ihrer NATO-Partner. Sie will die Russen vor einer Annexion dieser Staaten warnen. Ein Angriff auf sie würde den status belli bedeuten. Die NATO-

Doktrin interpretiert ihre neuen militärischen Anstrengungen natürlich als „Sicherung des Friedens". Russland ist für sie der potentielle Angreifer. Die Politik Putins wird als aggressiv bewertet.

Es dürfte erstaunlich sein, dass sich in dieser neuen Lage außenpolitisch wenig ereignet. Man darf doch fragen dürfen: warum gibt es hier nicht permanente Verhandlungen zwischen dem „Westen" und Russland? Warum sind die Kleinstaaten selten an den wenigen Verhandlungen beteiligt? Ist es so schwer, in diesen Grenzfragen zu besseren Lösungen zu kommen als wieder gegeneinander aufzurüsten und sich noch kriegsfähiger zu machen?

– Nur eine Zwischenbemerkung: dass nach zwei Weltkriegen wieder deutsche Militärs und Soldaten im Baltikum sind, scheint niemanden nachdenklich zu machen. –

Die Eigengesetzlichkeit des Militärischen scheint wieder einmal die notwendige politisch-diplomatische Offensive an den Rand zu drücken. Ein Jahrhunderte langer Irrtum scheint wieder durchzubrechen, dass das Militärische die Priorität vor der außenpolitischen Initiative hat. Aber es scheint so wahnsinnig schwer zu sein, „aus der Geschichte zu lernen."

## 10. Das Problem des Waffenexportes

Die NATO verpflichtet die Mitgliedstaaten zur gemeinsamen Verteidigung der Unantastbarkeit ihrer Territorien. Nun sind inzwischen bei veränderter Weltlage die Auslandseinsätze der NATO, an der deutsche Bundeswehreinheiten teilnehmen, zur Alltäglichkeit geworden. Sie erfordern bestens ausgerüstete und kampfbereite Soldatinnen und Soldaten. Wenn diese verletzt werden oder sterben, wird offiziell vom Einsatz für das Vaterland und von der Verteidigung der westlichen Werte gesprochen. Die Reden ähneln in der Sinngebung des Soldatentodes dem jahrhundertealten deutschen Kriegspathos.

Aber was noch mehr zu denken gibt: dieser neue weltweite Militärtourismus hat bisher noch kein einziges politisch konstruktives Ergebnis für die betroffenen Länder gebracht. Es zeigen sich wieder einmal die Grenzen des Militärischen, das in den betroffenen Ländern einfach nicht in der Lage ist, politischen zivilen Frieden zwischen den Bürgerkriegsparteien herzustellen. Man wird doch fragen dürfen: wann hören die Politiker und die politischen Gremien auf, sich vorrangig auf militärische Siege zu verlassen, wenn es gilt, politische Probleme zu lösen?

Die Begründung der internationalen Einsätze mit dem Kampf gegen den Terrorismus zu begründen, dürfte wenig plausibel sein. Man muss gegen Terroristen kämpfen, die mit Waffen ausgerüstet sind, die weithin in den Industrieländern produziert worden sind. Ohne den Waffenexport der Länder, die gegen den Terrorismus kämpfen, sind die nun bewaffneten Terroristen nicht denkbar. Noch sind keine erfolgreichen Maßnahmen gegen den Waffenverkauf und Waffenschmuggel ergriffen worden. Die Kriterien, die die Regierung für den Waffenexport formuliert hat, können nicht verhindern, dass das Kriegsmaterial auf vielen geheimen Wegen in die Hände der Terroristen kommt. Und die Großmächte, die an der Spitze der Waffenverkäufe stehen, haben keine Probleme jeweils die Seite zu bedienen, die ihren politischen Ambitionen am nächsten steht. Wenn es überhaupt so etwas wie Heuchelei gibt, dann auf diesem Sektor des Waffenexports.

## 11. Der Kampf gegen den Terrorismus

Die historisch vielfache Erfahrung, dass mit Eingriffen in inländische Bürgerkiege in der Regel keine pazifizierenden Erfolge erreicht worden sind, erlaubt die Frage, welche intellektuelle Qualität in den Beratungsstäben der zuständigen Ministerien vorhanden ist. Sitzen hier nur Technokraten, die zu wenig Ahnung von den möglichen Folgen ihrer Tätigkeit haben? Wieweit kennen sie überhaupt die Geschichte, die Kultur und die Religionen der Länder, um verantwortbare Entscheidungen treffen zu können? Kommt ihnen nicht der Gedanke, dass es vielleicht besser sein könnte, die verfeindeten Parteien, auch wenn es sehr schwer sein dürfte, an den Verhandlungstisch zu bringen? Und vor allem sollten die Gründe, die zum Terrorismus geführt haben, analysiert und in die Überlegungen einbezogen werden, wenn es zu Verhandlungen kommt. Jedenfalls hat eine Ausrottung von Terroristen noch nie längeren Frieden mit politisch-strukturellen Veränderungen der Zustände, die den Terrorismus geboren haben, gebracht. Den vorrangigen Sinn im Töten der Feinde zu sehen, hat noch nie zu längerfristigen haltbaren Lösungen der Probleme geführt. Sie können nur überwunden werden, wenn man kluge Verhandlungspolitik verbindet mit einer politischen Moral, die nicht den Tod des Feindes will, sondern ihn in ein neues gemeinsam ausgehandeltes Gemeinwesen integrieren will.

## 12. Die Lage im Nahen Osten

Was trotz intensiver Bemühungen um ein besseres Kennenlernen und Verstehen nicht einfach ist, ist die politisch-militärische Situation in den Staaten des Nahen Ostens zu kennen und zu bewerten. In diesen religiösen und kulturellen Vielvölkerstaaten tobt ein unbarmherziger Religionskrieg als Vernichtungskrieg gegen die jeweils anders Glaubenden und Denkenden. Wie dieser Krieg, der immer mehr Opfer fordert, ausgehen wird, weiß keiner genau. Die Frage muss aber gestellt werden, warum sich auswärtige Mächte hier einmischen und zulassen, dass Millionen von Menschen vertrieben und Tausende sterben müssen. Man lässt hier wieder einmal „Stellvertreterkriege" führen, um den eigenen Einfluss in diesen Gebieten zu erhalten oder zu gewinnen. Ein konzertiertes Vorgehen der USA, Russlands und der Europäischen Union könnte ein schnelles Ende bringen. Allerdings bliebe dann auch die Frage offen, wieweit die abgrundtief Verfeindeten zu neuem Zusammenleben bereit wären. Was hier im Moment geschieht, sind totaler Krieg und Völkermord großen Stils. Alle an ihnen Beteiligten wollen den unbarmherzigen Sieg über die Feinde. Die verschiedenen ethnischen Einheiten und die verschiedenen Religionsgruppen können sich nur schwer ein friedliches Miteinander in einem pluralistischen Einheitsstaat vorstellen. Die Fanatiker auf allen Seiten sterben lieber für ihre Überzeugungen als einer gemeinsam getragenen Lebensordnung zustimmen zu können. Noch haben die Prinzipien einer Toleranz keine Chance. Sicher ist nur dies: wenn es so weitergeht, wird alles im Chaos mit Millionen von Opfern enden. Es sei denn, dass sich im letzten Moment die beiden beteiligten Supermächte auf eine gemeinsame Strategie einigen, diesen brutalen Krieg zu beenden und die UNO und die internationalen Hilfsorganisationen die materiellen Voraussetzungen für einen Neuaufbau schaffen. Große Hoffnungen aber kann man nicht haben. Die internationalen Regeln in Konfliktsituationen zeigen nicht nur wenig Kreativität auf diplomatischem Sektor, sondern offenbaren einen fundamentalen Mangel an praktischer Vernunft und an Willen zur Humanität.

Manchmal streifen ihre Praktiken die Lächerlichkeit. Sie verhängen „Strafen" im internationalen Warenverkehr, sie verbieten bestimmte Ein- und Ausfuhren und schlagen höhere Zölle auf bestimmte Importwaren und lassen sich noch vieles andere einfallen. Das Ziel ist, die Volkswirtschaften der anderen Konkurrenten zu schädigen, um sie in innenpolitische Turbulenzen zu bringen. Der Angegriffene schlägt mit ähnlichen Maßnahmen zurück. Auch hier lehrt die Geschichte: diese Maßnahmen verfehlen in der Regel ihr Ziel. Und vor allem treffen sie nie die herrschenden Eliten im Lande, sondern immer nur „das Volk".

Ebenso lächerlich dürften die gegenseitigen Ausweisungen von Diplomaten sein, wenn die eine Seite die andere beschuldigt, sich falsch verhalten zu haben. Das Niveau zankender Kinder im Sandkasten ist erreicht. Man steht fassungslos vor diesen Spielchen von verantwortlichen Politikern.

## 13. Die permanente Diffamierung Russlands und seines Präsidenten

Noch problematischer ist es, wenn man permanent für die Ursachen der Weltprobleme eine bestimmte Nation verantwortlich macht. Die moralische Disqualifizierung des Gegners gehört seit alters her zu den propagandistischen Instrumenten der Außenpolitik. So gibt es in den letzten Jahren einen zunehmenden Angriff auf Putin und sein russisches System. Das befriedigt für viele die Sehnsucht nach einem klaren Feindbild, das sich kaum differenzieren oder auflösen lässt. Mit ihm lässt sich alles erklären, was es an Problemen in dieser Welt gibt. Das Feindbild verhindert jede differenziertere Analyse über die eigene mögliche

Mitverantwortung für die Krisen noch lässt es die Möglichkeit einer Bereitschaft zu neuen Beziehungen zu. Nun dürfte es Gründe geben, gegenüber der Politik des russischen Präsidenten Putin kritisch und wachsam zu sein, nur das einseitige Feindbild verhindert einen diplomatischen Dialog mit ihm. Man macht nicht den Versuch, seine Positionen wenigstens zu verstehen, auch wenn man sie nicht akzeptieren kann. Das Ganze endet in einem dialoglosen, geistlosen Gegeneinander. Gerade, weil die Unterschiede und Kontroversen mit diesem Nachbarn immer größer werden, wäre ein Dialog miteinander umso dringender geboten, wenn man nicht einen neuen „kalten Krieg" haben will, der aus relativ nichtigen Gründen in einen „heißen Krieg" münden kann.

## 14. Die Erfolge des Zueinanders von Sicherheitspolitik und Friedenspolitik

Belehrt durch die Geschichte mit ihren relativ gelungenen und mit ihren unmenschlichen Phasen, sollte man die eigene Zeit sowohl in ihren Fortschritten wie in ihrer Einbettung in problematische Zusammenhänge verstehen und beschreiben. Während außerhalb Europas seit 1945 mehr Menschen getötet wurden als im Zweiten Weltkrieg, haben die Westdeutschen, spätestens seit 1948 die Chance bekommen, gute Fortschritte in der Entwicklung eines demokratischen Rechts- und Sozialstaates zu machen. Die Außenpolitik der BRD war immer von zwei Zielen bestimmt: Sicherheit vor einem möglichen kommunistischen Aggressor und gleichzeitig Frieden miteinander zu haben. Das militärische Sicherheitssystem stand immer im Dienste der Sicherung von Freiheit und Frieden. Die NATO wurde immer als ein Verteidigungsbündnis verstanden. Irgendwelche revisionistischen Absichten hat es Jahrzehnte lang nicht gehabt. Die größte Leistung der bundesrepublikanischen Außenpolitik war im engen Verbund mit den Westalliierten ihr Beitrag zur Überwindung des Ost-West-Konfliktes durch permanente Gespräche und Abkommen mit der Sowjetunion und seinen Satteliten. Es zeigte sich, dass Sicherheitspolitik und Friedenspolitik miteinander die Weltlage verändern können.

In dem Prozess der Überwindung der von Waffen starrenden Militärsysteme und der gegenseitigen Drohungen mit dem Einsatz von Atomwaffen eröffnete sich für die Bundesrepublik die Perspektive einer möglichen Vereinigung der beiden deutschen Staaten. Mitbedingt durch die Selbstauflösungen im sowjetischen Machtblock konnte es im Rahmen der Entspannungspolitik mit Hilfe Russlands und der Westalliierten zu dem Ereignis der sog. Wiedervereinigung kommen. Das war für viele Zeitgenossen eine vorher kaum zu erwartende Wende in der deutschen und europäischen Geschichte.

## 15. Die Notwendigkeit differenzierter Wahrnahme des Gegners und die Notwendigkeit des Dialoges mit ihm

Nun aber befinden wir uns in einer Phase zunehmender Spannungen zu Russlands Außenpolitik, die bestimmt zu sein scheint von dem langfristigen Ziel, wieder die politische Rolle einer Weltmacht zu spielen. Weite Teile der internationalen und deutschen Presse verbreiten Urteile über Russland und seinen Präsidenten, die in einer schnell zu emotionalisierenden Öffentlichkeit auf offene Ohren treffen. Russenfeindlichkeit ist seit dem Ersten Weltkrieg und besonders seit Stalins Zeiten im Bewusstsein vieler Deutscher stark verankert. Nur wenige Journalisten und Historiker bemühen sich um ein differenzierteres Verstehen Russlands, das nach den zaristischen und bolschewistischen Zeitaltern auf dem Wege ist, politische und gesellschaftliche Modernität zu finden. Es ist zwar keine Diktatur mehr, aber nach dem westlichen Verständnis noch lange keine Demokratie. Es hat aber nicht viel Sinn, dieses Staatsgebilde mit Kriterien zu bemessen, die wir selbst uns erst nach vielen Irrungen und Wirrungen zu eigen gemacht haben. Die konstruktivere Behandlung Russlands wäre, dass Maß der politischen, der ökonomischen und der kulturellen Beziehungen auszubauen und dadurch mitzuhelfen, dass sich modernere Kräfte im Kampf um eine freiheitlichere Staats- und Gesellschaftsordnung in Russland durchsetzen können. Es ist wenig geistreich und zudem politisch gefährlich, durch pausenlose Diffamierungen des russischen Systems und seines Präsidenten sich an einer neuen Feindbildideologie zu beteiligen. Es geht um gute Nachbarschaft gerade mit den Nationen, die andere Wert- und Ordnungsstrukturen haben als wir. Nur durch kontinuierliche Kontakte auf dem kulturellen Sektor, durch die Schaffung von Begegnungszentren und durch den Austausch von Schülern, Studenten und von Angehörigen verschiedener Berufsgruppen kann mitgeholfen werden, auch das Klima in den politischen Führungsetagen zu verbessern. Viele deutsche Menschen müssen erleben können, dass die russische Wirklichkeit komplizierter ist als die verbreiteten Klischees. Und russische Menschen müssen erleben können, wie das Deutschland von heute aussieht. Frage: warum gibt es kein deutsch-russisches Jugendwerk, warum keine Kontaktstellen zwischen berufsständischen Vereinigungen? Die tief sitzenden Vorurteile auf beiden Seiten lassen sich nur durch offene Begegnungen und durch das Kennenlernen der Geschichte und der Gegenwart anderer Völker und Staaten auflockern.

## 16. Entfaltung einer Politik aus Vernunft und Humanität

Die angestrebte Erhöhung des Wehretats kann politisch der aktuellen Sicherung des Friedens dienen, kann aber auch die Bereitschaft erhöhen, politische Konflikte militärisch lösen zu wollen. Eine konsequente Friedensarbeit, auch wenn sie im Detail nicht einfach sein dürfte, reduziert auf die Dauer das Unfriedenspotential, das allen nationalen Egoismen zueigen ist. Frieden zu erhalten, ihm die notwendigen geistigen Grundlagen zu geben, ihn durch Prozesse gegenseitigen Verstehens zu begleiten und zu einem Bündel vertraglicher Bindungen zu kommen – diese Aufgabe erfordert einen wachen Geist und ein lebendiges Gewissen. Dem gegenüber dürfte das vorrangig militärische Denken Ausdruck eines primitiven Denkens sein, das keine Probleme löst, sondern neue lebensgefährliche Antagonismen schafft. Dass Geist und Vernunft eine internationale Mangelware sind – darüber kann auch nicht die Unzahl von Konferenzen hinweg täuschen, die weithin von Folgenlosigkeit Zeugnis ablegen. Die internationale Diplomatie – ein großer teurer Apparat – verhindert nicht die Vernichtung von Hunderttausenden von

Menschenleben und die Zerstörung von Kulturgütern und gegenwärtigen Infrastrukturen. Den wichtigsten Akteuren, die „Weltpolitik" machen wollen, scheinen die Opfer ihrer Politik auf unendliche Weise gleichgültig zu sein. Wenn ihr Machtinteresse es gebietet, lassen sie selbst kleine Einsätze für unmittelbare humane Hilfeleistungen kaum zu oder nur zeitlich sehr begrenzt. Im Ganzen folgen sie den Regeln militärischer Eigengesetzlichkeiten. Die Teilnehmer an den sog. Friedensgesprächen, begleitet und umgeben von einem sog. Expertenstab, kennen nicht Korrekturen ihrer nationalen Interessenpolitik, sondern wollen den „Gesprächspartner" zwingen, die von ihnen gestellten Bedingungen für eine Feuerpause oder für das Ende des Konflikts zu akzeptieren.

Es fällt schwer, gegenüber vielen heutigen Machtinhabern so etwas wie Vertrauen zu entwickeln. Sie spielen ihre Rollen weiter, wie wir sie aus der Tradition kennen. Sie betonen in pathetischer Sprache ihre Gebundenheit an das internationale Völkerrecht, aber nur so lange, wie es ihnen nützt. Gerät es in Gegensatz zu den eigenen vitalen Interessen, so haben sie nicht die Spur eines schlechten Gewissens, wenn es von ihnen gebrochen wird. Diese Regelmäßigkeiten zu überwinden, dazu gibt es rebus sic stantibus kaum Hoffnungen.

## 17. Die Rolle von Utopien angesichts der „alten Welt"

Philosophen, politische Literaten, Wissenschaftler verschiedener Sachgebiete und auch Theologen versuchen, dem organisierten politischen Wirrwarr eine andere Richtung zu geben. Sie machen hervorragende Vorschläge zur Verringerung des Unsinns, sie appellieren an die Vernunft und an die Gewissen derer, die für die kriegsschwangere Situation verantwortlich sind. Denn nur sie, die über Macht verfügen, könnten sie anders anwenden für eine andere Welt nach anderen Spielregeln. Einige werben für ein neues „Weltethos" auf der Grundlage aufgeklärter Religiosität und in Bindung an die aufgeklärten Grund- und Menschenrechte. Wenn es nach der vorgelegten Literatur ginge, müssten die Probleme gelöst werden können und Vernunft und mitmenschliche Verantwortung könnten die moralischen Regenten der Weltpolitik werden. Diese Utopien haben durchaus ihren Sinn, weil sie den Widerstand gegen die durchgehende Praxis emotional und real stärken können. Sie können immer wieder die dominierende Inhumanität angreifen und hin und wieder sogar zwischenzeitliche Besinnungen und Veränderungen bringen. Aber sie dürften es schwer haben, sich gegen die tief eingekerbten Syndrome von nationalen Machtinteressen mit ihren religiösen und pseudoreligiösen Begründungen zu behaupten. Sie können vielleicht hier und da Nachdenklichkeit und sogar ein Umdenken provozieren. Aber im Ganzen bleibt die Welt die alte Welt mit ihren uralten Mechanismen. Sie wird die Geschichte ihrer Verfehlungen bleiben, auch wenn zwischenzeitlich Phasen gelungener politischer und mitmenschlicher Fortschritte möglich sind. Um dieser willen gilt das Mandat, sich weiterhin abzuquälen, diese Welt einigermaßen bewohnbar zu halten.

Günter Brakelmann

# Nachwort

Zum besseren Verstehen meiner Positionen gebe ich hier in Kurzform einen Rückblick auf meinen geistigen Werdeprozess und meine Engagements in der Politik, in der Kirche und in der Universität gegeben:

Es drängte mich im März dieses Jahres 2018 niederzuschreiben, was mich geschichtlich und zeitgenössisch wie auch theologisch und kirchlich bewegt. Ich bitte, folgendes als Hintergrund zu beachten:

– Seit meiner Jugend, geprägt durch meine Biographie als Kind und Jugendlicher wie durch die Jugendarbeit in der Christlichen Pfadfinderschaft, war ich engagiert in der Erhaltung und dem Ausbau der Bundesrepublik Deutschland als eines demokratischen und sozialen Rechtsstaates.

– Ich engagierte mich als Demokrat sehr früh im Sinne gewerkschaftlicher und sozialdemokratischer politischer und gesellschaftlicher Zielbilder.

– In der Kirche engagierte ich mich für die Kriterien evangelischer Sozialethik des Politischen und Gesellschaftlichen mit dem Ziel, die geistigen und ethischen Grundlagen für eine freiheitlichere und gerechtere Staats- und Gesellschaftsordnung zu legen.

– Alles, was ich in späteren Jahren als Theologe mit den Fächern Sozialethik und Geschichte geschrieben habe, geschah immer im engsten Zusammenhang mit praktischen konkreten Handlungszielen. Der Satz des jungen Marx: „Die Philosophen haben die Welt nur verschieden interpretiert; es kommt aber darauf an, sie zu verändern" war richtungsweisend für mich. Ich bin nie nur „Schreibtischtäter" gewesen, sondern alles, was und wie ich es geschrieben habe, ist entstanden aus teilnehmender Beobachtung und tätiger Mitverantwortung.

– Seit rund 60 Jahren bin ich Mitglied der Gewerkschaft und der Sozialdemokratischen Partei. Dort habe ich in Kontakten zur sog. Basis gelernt, aus welchen harten Realitäten der Arbeitsalltag für die meisten Menschen besteht und welche Anstrengungen es in der Gemengelage von Machtinteressen bedeutet, Reformprozesse in Bewegung zu bringen und bessere Lebensbedingungen zu schaffen. Hier habe ich aber auch gelernt, wie ohnmächtig proklamierte Moral ist, wenn sie sich nicht mit organisierter Gegenmacht verbindet.

– 25 Jahre lang war ich Mitglied der Grundwertekommission der SPD unter Erhard Eppler und habe an den Diskussionen über Innen- und Außenpolitik, von Gesellschafts- und Sozialpolitik teilgenommen und meinen Blick erweitern können. In dieser Kommission saßen Christen, Humanisten, Atheisten und Agnostiker. Hier habe ich gelernt, auf andere weltanschauliche Positionen zu hören und mit ihnen einen konstruktiv-kritischen Dialog zu führen. Hier lernte ich dann auch, Kriterien einer evangelischen Ethik in säkularer, kommunikativer Sprache einzubringen. Ich lernte, im Kontext verschiedener Philosophien christliche Impulse und Richtungsanzeigen in das Bemühen um verantwortliche Kompromisse einzubringen. Es galt, das jeweils Sach- und Menschengerechtere in die Ebene praktischer Politik zu bringen. Am Ende musste gemeinsam getragene verantwortliche und mögliche Säkularität stehen.

— Den akademischen Studienbetrieb habe ich als Sozialethiker nie zu einer Ansammlung hoher ethischer Prinzipien und hochmoralischer Handlungshorizonte gemacht, sondern habe die Sozialethik immer als konstruktiv-kritische Begleitung real sich in ökonomischen und sozialen Prozessen vollziehender Praxis in der industriellen Produktion unter ihren gesetzlichen Rahmenbedingungen verstanden. Die Sozialethik hat ja nicht die Lösungen von Problemen zu bieten, sondern kann nur Kriterien anbieten, die zu einer besseren Lösung beitragen können.

— Durch Jahre hindurch gehörten Betriebsbesuche mit Diskussionen mit Betriebs- und Vertrauensleuten wie mit Managern zur Praxis unseres Lehrstuhls. Besonders beteiligt habe ich mich an öffentlichen Diskussionen um das Recht auf Arbeit, um die Rechte aus Arbeit, um die Humanisierung der Arbeit und um die Mitbestimmung im Betrieb und Unternehmen. Fast 20 Jahre war ich 11. Mann in montanmitbestimmten Unternehmen: Thyssen-Krupp, Salzgitter Stahl und Peiner Träger. Im ständigen Kontakt mit den Vorständen und den Arbeitnehmer- und Gewerkschaftsvertretern bekam ich Einblick in den Lebensalltag von Führungskräften und Arbeitnehmern.

— Diese Erfahrungen habe ich eingebracht in die Sozialkammer der EKD, die bedeutsame Denkschriften über Grundsatzfragen der Wirtschafts-, Sozial- und Gesellschaftspolitik herausgebracht hat. In dieser Kammer, die mehrheitlich von evangelischen Laien aus der Wirtschaft, aus der Wissenschaft, aus den Arbeitgeberverbänden und den Gewerkschaften besetzt war, habe ich erlebt, wie man konstruktiv-kritisch miteinander diskutieren und zu verantwortlichen Kompromissen kommen kann. Ähnlich war es in der Kammer für Öffentliche Verantwortung, die mit ihren Mitgliedern den protestantischen kirchlichen Pluralismus widerspiegelte. Ich war in diesen illustren Klub hinein gewählt worden als Vorsitzender des überparteilichen Arbeitskreises „Sicherung des Friedens", der an der damaligen großen Diskussion über Frieden im Raum der Kirche intensiv teilgenommen hat. Auch diese Kammer aus evangelischen Laien und einigen Theologen hatte die Aufgabe, auf dem Fundament der christlichen Botschaft an der Entwicklung einer sach- und menschengerechten Friedenspolitik mitzuarbeiten. Jahrzehntelang stand die politische und geistige Auseinandersetzung mit dem Sowjetkommunismus im Zentrum unseres Interesses und meiner publizistischen Tätigkeit. Ordnungspolitisch ging es darum, einen „Dritten Weg" zwischen dem US-Kapitalismus und dem diktatorischen Staatssozialismus der SU zu finden. Die Entwicklung des Modells einer „Sozialen Marktwirtschaft" unter den Bedingungen eines demokratischen Rechts- und Sozialstaates hielten wir für unsere Aufgabe. Dass der Ost-West-Konflikt nicht in einem atomaren Vernichtungskrieg endete, dürfte die größte politische Leistung bis 1990 gewesen sein.

— Bei mir verschränkten sich immer gleichzeitig das Interesse an sozialen und politischen Problemen. Für gerechtere soziale Verhältnisse sich einzusetzen verband ich mit den Zielen einer befriedeteren Welt. Das Eine ließ sich vom Anderen unterscheiden, aber nicht trennen.

— Ein wichtiges Anliegen war für mich nach den Auseinandersetzungen mit der Hugenberg-Presse in der Weimarer Zeit und der gleichgeschalteten Presse in der NS-Zeit, ein der Demokratie verpflichtetes Öffentlich-rechtliches Rundfunksystem zu haben und auszubauen. Fast 25 Jahre habe ich im Rundfunkrat- und im Verwaltungsrat des WDR versucht, an diesem Auftrag mitzuarbeiten. Hier habe ich gelernt, wie schwierig es manchmal sein kann, seine unmittelbaren

Verbands- und Vereinsinteressen zu bändigen und zu Kompromissen zu kommen. Der WDR schickte mich für einige Jahre in den Aufsichtsrat der Bavaria, damals der größten Filmgesellschaft der Bundesrepublik. Hier habe ich Einblicke in ein Gewerbe bekommen, das mir von Haus aus fremd war. Mit Hilfe der Geschäftsführung habe ich sogar das Amt des Vorsitzenden in diesem Aufsichtsrat bewältigen können.

Für mich war wichtig, dass ich im WDR mit fast 5000 Mitarbeitern und der Bavaria mit fast 1200 Mitarbeitern die Verwaltungsarbeit und die Produktion in Mittelbetrieben kennen lernte.

– Im Rahmen der Universität wurde eine „Kontaktstelle IGM und RUB" gegründet, an der ich ebenso intensiv teilnahm wie an der Arbeit des „Instituts für die Geschichte der nationalen und internationalen Arbeiterbewegung". Es folgte noch die Gründung eines „Forschungsinstitutes für Arbeiterbildung" in Recklinghausen, getragen von einigen Gewerkschaften, der RUB und der Landesregierung. Ich war 10 Jahre lang Mitleiter dieses Institutes. In all diesen Aktivitäten ging es um den Versuch, über den engeren Studienbetrieb hinaus sich an der Aufarbeitung der Geschichte des Ruhrgebiets, an dem Konzept einer arbeitnehmerorientierten Bildungspolitik zu beteiligen und Hilfen für die Gestaltung moderner Arbeitswelt zu geben.

– 1983 berief mich der Rat der EKD zum Leiter des seit 1969 in Bochum existierenden „Sozialwissenschaftlichen Instituts", das Zuträgerdienste für das öffentliche kirchliche Reden leistete, aber vor allem eigen verantwortete Themen über wirklichkeitsrelevante soziale Fragen in Broschüren und Büchern veröffentlichte. Bis 1999 habe ich dieses mit guten Mitarbeitern besetzte Institut geleitet.

– Ein weiteres Engagement sei noch erwähnt: der damalige Verteidigungsminister Gerhard Stoltenberg berief mich 1989 in die „Unabhängige Kommission für die künftigen Aufgaben der Bundeswehr", die einen problemorientierten Abschlußbericht vorlegte. Hier lernte ich in den Diskussionen mit politischen, militärischen Fachleuten und mit Wissenschaftlern verschiedener Fachgebiete die prinzipiellen, die organisatorischen und militärpolitischen Probleme kennen, wie es besser nicht sein konnte.

– Und schließlich hat mich mein Interesse an der Zeitgeschichte in die „Forschungsgemeinschaft 20. Juli" geführt. Die Darstellung und Interpretation der deutschen Widerstandsgeschichte hat mich jahrelang beschäftigt. Parallel dazu verlief die vertiefte Einarbeitung in den Komplex: Krieg und Protestantismus seit Luther.

– Mit dem Problem Luther als reformatorischem Theologen und mit seiner Wirkungsgeschichte in der deutschen National- und Kirchengeschichte hab ich mich durchgehend befasst. Aber ich habe Luther und das Luthertum nie isoliert von der politischen Machtgeschichte, von den ökonomischen Verschränkungen und von den kulturpolischen Entwicklungen. Eine reine Kirchengeschichte gibt es nicht, es gibt sie nur im Umgriff weltlicher Geschichte.

– Was ich mit diesen Aufzählungen bezwecken möchte, ist dieses: Meine Reflexionen vom März 2018 spiegeln wider die theologischen und geschichtlichen Beurteilungen, die ich auf zwei Ebenen gewonnen habe, die aber immer mit einander verschränkt waren: die Forschungsarbeit an der profanen Geschichte wie der Kirchengeschichte auf der einen Seite und gleichzeitig das bewusste Engagement in zeitgenössischer Politik, Ökonomie und in kirchlichen Aufgaben. (Es versteht es sich von selbst, dass viele weitere relevante Problemebenen nicht zur Darstellung gekommen sind)

Horst Friedrichsmeier

# Mut zum Aufbruch!

Bochum, 30. Juni 2018

Lieber Günter,

auch wenn es nun schon einige Wochen zurückliegt, möchte ich ein paar Anmerkungen und Fragen zu deinen „Weiteren historisch-politischen Reflexionen" und deinen Ausführungen in der Gesprächsrunde am 1. Juni 2018 schreiben.

Die Skizze der deutschen Geschichte von den sog. Freiheitskriegen gegen Napoleon bis heute (Punkt 1. – 8.), die du unter dem Gesichtspunkt einer brüchigen Fortschrittsgeschichte vorlegst, überzeugt nicht nur durch den souveränen Überblick, sondern durch die klare und besonnene Urteilsbildung. Gleiches gilt für deine Reflexionen zur veränderten Weltlage seit den 90er Jahren. Hier gefällt mir besonders, dass du auch die Grenzen militärischer Problemlösungen deutlich markierst.

Wenn unsere Abiturienten und Studenten mit einem solchen Fundus an Einsichten und Wertorientierungen die Schule und Hochschulen verlassen würden, – wunderbar! (Anlass genug für kritische Erinnerung an meine eigene Lehrtätigkeit mit Schülern und Referendaren.)

Auf dein schier unglaublich vielseitiges und gefülltes Lebenswerk kann ich nur mit Hochachtung und Bewunderung schauen. Deine politischen und theologischen Urteile und Einsichten sind so dicht und stimmig mit deinen biografischen Aktivitäten verflochten, dass man sich fast naseweis vorkommt, wenn man Anfragen daran stellt.

Sei es dennoch versucht: Ich (Jahrgang 1942) bin zwar nur zehn Jahre jünger als du, aber wohl doch schon in einer etwas anderen

Generationenstimmung aufgewachsen: Mir macht auch große Sorgen, dass heutige Jugendliche kaum noch wissen, „was Lebensangst ist und was Einschränkungen bedeuten" (Punkt 5.) und ich füge hinzu: was handwerkliche und gärtnerisch-bäuerliche Fähigkeiten zur (teilweisen) Selbstversorgung in Verbindung mit nachbarschaftlicher Hilfe wert sein können. Weil sie wohl noch alternativloser als wir Alten aus der Kriegs- und Nachkriegsgeneration an das heutige Komfortniveau gewöhnt sind, sind sie trotz eines gestiegenen ökologischen Wissens vermutlich noch weniger fähig, aus der Übernutzung und Überlastung unserer Erde auszusteigen als wir, die Flakhelfer- und Kriegskindergeneration mit unserer scheinbar unstillbaren Kompensationsgier für Entbehrungs- erfahrungen.

„Utopische Vorstellungen von einer ganz anderen Welt" (Vorwort der ersten Reflexionen) treffe ich bei heutigen Jugendlichen nur höchst selten an, finde sie auch kaum in Parteiprogrammen, wenn man hinter der allzu vollmundigen Sprache nach substantiellen gesellschaftlichen Änderungen (vergeblich) sucht. Deshalb hat mich die Stoßrichtung dei- ner ersten Reflexionen überrascht. „Denken im Komparativ gegen irreale politische Ziele" forderst du ein. Das scheint mir in der deutschen Sozial- und Wirtschaftspolitik und auch bei den Bürgern eher common sense als etwas dringlich neu Einzuübendes zu sein, weil alle still- schweigend die rhetorischen Überhöhungen von Forderungen abziehen. Wenn ein öffentliches Schlaglicht auf einen Problembereich fällt, z.B. die Altenpflege, wird zwar mit dem Schlagwort ‚soziale Gerechtigkeit' mehr Personal und Besoldung gefordert, aber eigentlich wissen in die- sem eingeübten Spiel doch alle, dass es nur um eine Korrektur, aber nicht um eine total gerechte Gesellschaft geht. „Die Bereitschaft zu ei- nem permanenten Reformismus ist die Konsequenz nüchterner Wirk- lichkeitsanalyse" – stellt das denn überhaupt ein nennenswerter Teil der Bürger in Frage? Ich vermisse etwa in Feldern wie der Agrar- und Verkehrspolitik eher den politischen Mut zu weitreichenderen Umfor- mungen, obwohl viele spüren, dass hier Richtungsänderungen nötig wären.

Die tagespolitische Rhetorik scheint mir deshalb nicht so bedenklich; viel bedenklicher aber die grundlegenden Prämissen unseres neuzeitlichen Strebens nach Vergrößerung der Weltreichweite: dass Natur nur noch Rohmaterial ist, über das wir zu unserem Nutzen total verfügen dürfen.

„Das Wirtschaftssystem hat keine Selbstheilungskräfte. Es bedarf verantwortlicher Regulierung durch den Sozialstaat". Richtig, nur wird diese Regulierung im globalisierten Kapitalismus immer wirkungsschwächer und schwieriger; vor allem aber: wir bräuchten heute eine Regulierung durch eine kulturelle Reform, die das Arbeits-, Konsum-Freizeitverhalten bzw. den Lebensstil aller Bürger mit umfasst. Wer schreibt eine überzeugende Theologie der Genügsamkeit, der Achtung und Solidarität alles Lebendigen und der Schönheit und Schonung der Erde? Also Mut zum Aufbruch, zum Exodus aus allzu eingefahrenen und liebgewordenen Pfadabhängigkeiten, die nicht zukunftsfähig sind, wie sich heute immer unabweisbarer zeigt.

Du merkst, ich möchte den Blick nicht nur auf die politischen Eliten und Machthaber lenken, so wichtig sie auch für Frieden auf unserem Erdball bleiben, sondern auf gesellschaftliche Dynamiken und destruktive kulturelle Zusammenhänge, in die wir alle verstrickt sind. Die theologische Kritik würde ich deshalb vor allem gegen die Illusion richten, sein Lebensglück durch immer skupellosere, immer weniger nachhaltige Ausbeutung der Gaben der Erde ohne Rücksicht auf kommende Generationen erreichen zu können. Noch mehr Orientierungskraft als in den 10 Geboten, auf die du dich zentral beziehst, schein mir dafür in der Bergrede zu stecken, besonders in der Abwehr der Sorge und dem Gebot, auf die Vögel und Lilien zu sehen und zuerst nach dem Reich Gottes und seiner Gerechtigkeit zu trachten (also eine Verbindung von Schöpfungstheologie und dem Vertrauen auf das Nahekommen Gottes).

Theologisch hätte ich eine ganze Liste an Klärungsbedarf, für das sich vielleicht ein andermal Gelegenheit bietet: Was heißt „aus der Geschichte lernen"? Woran liegt es, dass Menschen so Unterschiedliches aus der Geschichte lernen? Werden die wichtigsten Werte nicht „außerhalb" der Geschichte gelernt? – Was bedeutet es theologisch, wenn der Dekalog auf der Exoduserfahrung aufruht (1. Gebot), wir aber durchaus begründet gegenüber jeder Geschichtstheologie und jeder Vereinnahmung Gottes als Geschichtenlenker äußerst kritisch geworden sind? Welche positiven Erfahrungen und Resonanzerlebnisse können uns heute für die Weisungen des Dekalogs empfänglich machen?

Dass trotz der lastenden Hitze die Anmerkungen verständlich geraten sind, hoffe ich, und dass es dir und Ingrid gesundheitlich zufriedenstellend geht. Seid herzlich gegrüßt, auch von Heidrun,

Horst

Hartmut Schröter

# Realismus zwischen Industriegesellschaft und ökologischer Transformation

## Gestaltungswissen

Günter Brakelmanns „Reflexionen" sind als ein zugleich geschichtliches und persönliches Vermächtnis zu verstehen. Hier spricht jemand, der ein Leben lang die politisch-gesellschaftliche Sphäre wahrgenommen, historisch, gesellschaftswissenschaftlich und sozialtheologisch durchdacht und in „tätiger Mitwirkung" an ihrer Gestaltung teilgenommen hat. Sie ist ihm darüber nicht mehr eine begrenzte Sphäre geblieben, sondern zur bedingenden Grundwirklichkeit geworden. Was kann jemand dazu sagen, der solche praxisnahe politische Erfahrung nicht in diesem Maße gesucht und gemacht hat? Einer, der in der Bildungsarbeit tätig war und als Pfarrer eher die subjektive Erfahrungswelt unterschiedlichster Mitmenschen kennengelernt hat? Dessen Grundanliegen es war, zu verstehen, wenn auch solches Verstehen die geschichtlich-politische Dimension unserer Moderne immer im Blick hatte. Gerade einem solchen Vermächtnis gegenüber ist eher ein nachgehendes und hörendes Verständnis angebracht als nur kritische Einwände zu bedenken. Deshalb sei zuerst ausgesprochen, wie sehr mich die Nüchternheit, Klarheit sowie die anthropologische, theologische und geschichtliche Grundstellung in seiner Weltsicht beeindruckt und zu einer Selbstklärung herausgefordert hat. Besten Dank!

Zur Selbstklärung gehört einzusehen, dass mein eigenes reflektierendes und bildungsorientiertes Bemühen um eine veränderte Weltsicht im Horizont der ökologischen Wende nur einen sehr begrenzten Anteil am notwendigen Handeln hat. Woraus sich meine Hochachtung für Handelnde in einer solchen lebenslang ausgeübten und durchdachten Praxis herleitet. Auch teile ich die Auffassung, dass in dieser politisch-sozialen Sphäre nur der Komparativ und nicht der Superlativ einer endgültig zu ordnenden Welt, wie in den Ideologien und Utopien des

20. Jahrhunderts zuletzt, zum Maßstab gemacht werden kann. So bin ich auch durch seine ‚Reflexionen' mehr denn je davon überzeugt worden, dass sein komparativisch verstandener sozialdemokratisch-gewerkschaftlicher Reformismus am Ende die nachhaltigste und humanste Art der Gestaltung einer unausweichlich heraufziehenden Industriegesellschaft gewesen ist.

## Im Namen der Freiheit wider die neuzeitlichen ‚Weltverbesserer'

Im Rückblick lässt sich ja nun nicht mehr übersehen, welch ungeheures Vernichtungspotential in den Utopien der Heranbildung und -züchtung eines ‚neuen Menschen' im Dienste einer optimalen Weltverbesserung schlummerte. Daraus bezieht seine skeptische, theologisch-lutherisch gefärbte Anthropologie ihre geschichtliche Bestätigung. Man darf dabei jedoch nicht aus dem Auge verlieren, dass solche Utopien sich in der Regel auf die neuen Möglichkeiten von Wissenschaft und Technik bezogen. Parallel zur Naturbeherrschung wurde auch der Mensch und seine Gesellschaft im besten Falle als Gesamtkunstwerk im schlechtesten als Umerziehungslager konzipiert. Auch die Art der Umsetzung wurde in einem technischen Sinne als revolutionär gewaltsame oder evolutionär herbeizuführende ‚Umsetzung' der angestrebten Zwecke durch geeignete Mittel verstanden und praktiziert. Solche Utopien und Ideologien gehören also als radikale Versionen zu den Ausprägungen unseres technischen Zeitalters. Dessen ungeheure, z.T. höchst gewaltsame Veränderungsdynamik ließ sich auf allen Seiten als Verwirklichung des ‚Guten', sogar des ‚Besten', was es je gegeben hätte, begründen und rechtfertigen. In Hinblick auf diese geschichtliche Konstellation schätze ich besonders den Mut und die Klarsicht von Günter Brakelmann, auch das vermeintlich ‚Gute' zu prüfen und dessen Ambivalenzen aufzudecken. Ganz grundsätzlich wendet sich diese Haltung mit einsichtigen Gründen gegen die Selbstvergottung der Menschheit in unserer Neuzeit und hält im Widerspruch dazu fest, dass in dieser Welt die Ambivalenz und der Streit zwischen ‚Gut und Böse' nie aufhören wird und immer aufs neue nur komparativisch vermittelt werden kann. Auch dem möchte ich – mit noch zu nennenden Einschränkungen – zustimmen. Nicht nur, weil dies realistische Einsicht fordert, sondern um der Freiheit willen, die nach Schelling nur eine ‚Freiheit zum Guten und zum Bösen‘ sein kann. Vielleicht eine der wesentlichsten Einsichten, die man gegenüber dem in China angestrebten Versuch, durch digitale Überwachung die gesamte Gesellschaft zum sog. ‚Guten‘ zwingen zu wollen, wahren sollte. So dass insbesondere in der politischen Sphäre des Waltens beider Tendenzen nicht ohne Streit, Kampf und Ringen um komparativische Verbesserungen unter Berücksichtigung der Machtkonstellationen auszukommen ist.

## Mißbräuchlichkeit einer anthropologisch-theologischen Generalisierung

Ein solches Einstehen für eine Welt zwischen ‚Gut und Böse‘ kann jedoch leicht so missverstanden werden, als ob man sie rechtfertigen und mögliche Verbesserungen verhindern wolle. Das wird ihm in den von ihm geführten Debatten immer wieder begegnet sein. Sein engagiertes Pathos im Streit mit den moralisch argumentierenden ‚Weltverbesserern‘, insbesondere in der Friedensbewegung während der Nachrüstungsdebatte, lässt sich leicht so deuten. Dagegen hilft m.E. jeweils nur eine konkret geschichtliche Situationsanalyse in komparativer Abwägung ihrer lebensfeindlichen und lebensförderlichen Tendenzen. Einem solchen Vorgehen, das G. Brakelmann in seiner Analyse der Erfolge und Misserfolge der Demokratisierungsbemühungen seit 1848 auf eindrucksvolle Weise vorführt, möchte ich den Vorzug gegenüber einer Verallgemeinerung der Ambivalenz von ‚Gut‘ und ‚Böse‘ geben. U.a. deshalb – wie gesagt – , weil eine solche anthropologische Generalisierung interessegeleitete Akteure leicht dazu verführt, vieles zu dulden oder zu rechtfertigen, was einer möglichen Verbesserung aus machtpolitischen oder egoistischen Gründen im Wege steht. Mit dem erschlagenden Argument, das sei doch immer schon so gewesen, werden substantielle Unterschiede gerne nivelliert und machbare Verbesserungen unterminiert. Auch kann strittig bleiben, was eine Verbesserung wäre, ja, was ‚Gut und Böse‘ in einer bestimmten Situation auszeichnet. Zumal in der Sphäre der Politik, in der die Auswirkungen in einer von Macht und Interessen dominierten Welt bedacht und verantwortet werden müssen. So lässt sich heute fragen, ob nicht das, was im Horizont der Industriemoderne als Menschheitsfortschritt gefeiert wurde, nun zu einer Erdzerstörungsmacht heranwächst.

Der Grad, das Ausmaß, die Reichweite der Mittel, die Organisationshöhe von Gesellschaften, und damit der Wirkungsgrad des jeweils ‚Guten‘ und ‚Bösen‘ kann geschichtlich so unterschiedlich sein, dass solche Verallgemeinerungen an den je geschichtlichen ‚Realitäten‘ und Erfordernissen vorbei reden und sie verschleiern können. Vor allem in Bezug auf die geschichtlich einzigartige Situation einer globalen Durchsetzung der technischen Industriegesellschaft und einer globalen Gefährdung unserer Lebensgrundlagen durch sie wäre dies fatal. Man kennt ja Einwände der Art, dass auch die Römer schon ganze Landstriche abgeholzt oder die verehrten Naturvölker grausamste Opfermorde begangen hätten. Gegen eine pauschale Infragestellung oder eine ebenso pauschale Glorifizierung unserer Industriegesellschaften bietet Ernst Ulrich von Weizsäcker dagegen ein situativ begründetes Modell an. Bis ca. 1960 herum hätten wir in einer „leeren Welt“ agiert, d.h. in einer Welt, in der die Natur den menschlichen Verbrauch und Input noch kompensieren konnte, ab diesem Zeitpunkt wären wir in eine volle Welt übergegangen, in der der Erdverbrauch über die Grenzen dieser einen Erde hinausgeführt habe. Dadurch sein ein völlig neuer Kontext für unser Handeln entstanden, der nicht mehr mit den bisher durchaus erfolgreichen Methoden, Einstellungen und Paradigmen zu bewältigen sei. Nachhaltigkeit müsse – sachlich begründet – das oberste Gebot sein. Wenn man so will, ein situativ begründeter Superlativ, gegen den nun mit allen pragmatischen, ideologiekritischen oder interessegeleiteten Argumenten bisheriger Selbstverständigung Sturm gelaufen wird.

Der verallgemeinernde Hinweis auf komparativische Verbesserungen und die anthropologische Ambivalenz von ‚Gut und Böse‘ gewinnt seine eigene Berechtigung jedoch gerade in unserem geschichtlichen

Kontext. Nämlich wider die Selbstvergottung der Menschheit in unserer Neuzeit, die ihren Prozess vorangetrieben hat. Sie rückt der Autor aus theologischer Sicht ins Zentrum seiner Neuzeitkritik. So auch wider den Anspruch, die ‚Beste aller Welten‘, das ‚Gute‘, aus eigener Machtvollkommenheit schaffen zu können. Auch diesem neuzeitkritischen Ansatz fühle ich mich sehr verbunden  So hat der Soziologe Gerhard Schulze unter diesem Titel: Die beste aller Welten‘, gezeigt, wie dieser ursprünglich Leibnizsche Ausdruck für die höchste mögliche Vollkommenheit der vorhandenen Welt nun umgedeutet wird zum Auftrag, eine als Mangelsituation gedeutete Welt in die ‚Beste aller Welten‘ zu verwandeln.  Das biblische Zeugnis von der Versuchung der ersten Menschen im Paradies bis zum Turmbau zu Babel macht schon zu Beginn der ackerbauenden Hochkulturen auf die damit verbundenen Gefahren aufmerksam, wie G. Brakelmann sich theologisch versichert. Aber im Grad und in der Ausformung gibt es doch höchst signifikante Unterschiede bis dahin, dass dieses Paradigma auf andere Epochen und Kulturen kaum zutrifft oder nur eine begrenzte Erklärungskraft hat.

## Abschied vom geschichtswirksamen ‚Gott‘ ?

Als Theologe und Philosoph bin ich besonders angesprochen von der Radikalität, mit der G. Brakelmann die Vorstellung von der eingreifenden Wirksamkeit Gottes in der Weltgeschichte zurückweist. Und dies nicht nur wegen ihres Missbrauchs zur unbedingten Rechtfertigung der jeweils eigenen Machtposition in Krieg und Frieden, sondern um der verantwortungsbeauftragten Freiheit des Menschen willen. Es ist aber nach meiner Einschätzung nicht so, dass dieses Gottesbild keinen biblischen Anhalt hätte. Wir haben im Alten Testament gelernt, dass das Besondere dieser Schriften darin bestehe, Gott als den Herrn der Geschichte zu verstehen. Man müsste fast alle Lieder im Gesangbuch und die gesamte liturgische Praxis in Gebeten und theologischen Formulierungen umschreiben, um dem Einwand in dieser Radikalität gerecht zu werden. Auch ich habe die größten Schwierigkeiten damit, von einem in die säkulare Geschichte je nach Wunsch eingreifenden

Gott zu sprechen. Deshalb auch mit Bittgebeten, wie mit dem am Schluss von G. Brakelmann zitierte Friedensgebet. Um einen Geist des Friedens kann man wohl bitten. So  kann ich mich nicht zu einer ebenso entschiedenen Verabschiedung dieses Glaubens durchringen, so befreiend dies auch sein könnte. Gibt es auch in dieser Frage einen vermittelnden Komparativ? Oder ist dieses Wort hier nicht angemessen? Gibt es einen Weg des Umdenkens in der Art, wie Gott und Geschichte zusammen gedacht werden können? Könnte es ein Weg der ‚wissenden Unwissenheit' sein? Oder mit einem Aufblitzen einer je geschichtlichen wirksamen Einsicht im Sinne eine neutestamentlich gestifteten Friedensgesinnung verbunden werden? Wie vielleicht das Erschrecken über die Shoa weite Teile der Menschheit in der Menschenrechtspolitik bestärken und in einem „Nie wieder" vereinen konnte. Aber selbst dieser Fixstern kann hinter Wolken verschwinden, wie wir gerade erleben.

Ich zögere jedenfalls. Nicht zuletzt deshalb, weil die Voraussetzung einer uneingeschränkten Verantwortlichkeit der handelnden Menschheit mir zu verwandt mit der neuzeitlichen ‚Selbstvergottung' der Menschheit erscheint. Gehört nicht auch diese Version einer vollen Verantwortung des Menschen in den Horizont moderner Machbarkeitsvisionen, die in ihrer Verabsolutierung ja verworfen werden?  Die vom Autor ja betonten Grenzen des Menschlichen ließen einen Spielraum für ein Geschichtsdenken, in dem wir nicht uneingeschränkt die Herren der Geschichte sind. So könnten wir uns wieder einer Dimension des Unverfügbaren stellen oder aussetzen, die uns Segen und Fluch, günstige Gelegenheit und unabänderliches Geschick zuspielt.

Ein bedenkenswertes Beispiel gibt die Josefsgeschichte in der Hebräischen Bibel. Sie wird als eine Art der Geschichtsschreibung gesehen, in der Gottes verborgenes Handeln in einer fast schon modern anmutenden säkularen Geschichtsschreibung dennoch wirksam wird. Indem aus Bösem am Ende Gutes wird; jedoch nicht ohne Einsicht und aufrichtige Reue des Haupttäters Juda, die sein von ihm verkaufter Bruder herbeiführt. Ein schwieriger Prozess, den wir in der Aufarbeitung der Verbrechen des Nationalsozialismus in unserer Generation miterlebt haben. Wo er glückte, wo er zu wahrhaftiger Einsicht, zu aufrichtigem

Mitleid, zu bekannter Schuld, zu befreiendem Handeln führte, darf ‚mein Herz sich in Gott freuen‘, auch wenn Selbstgerechtigkeit, Geschwätz, Irrtum, Missbrauch und nur komparativische Verbesserungen alles zu überlagern drohen.

Am meisten getroffen und überzeugt hat mich der Gedanke von Hans Jonas, dass nach Auschwitz auf einen auch dieses Geschick lenkenden Gott der Geschichte verzichtet werden müsse. Doch dieser Glaube sitzt tief und es würden einige der Fundamente der Theologie und der Glaubenstradition einstürzen, wenn er ganz gestrichen würde. Warum überhaupt noch von Gott reden, wenn dieses vermeintliche ‚Kernstück‘ aufgegeben würde, werden sich Gläubige wie Ungläubige gleichermaßen fragen? In dieser Einigkeit manifestiert sich der in beiden Positionen geltende Maßstab der Wirksamkeit im politisch-gesellschaftlichen Raum der Fakten. Dieser selbst wäre zu befragen.

## Gottesgegenwart in Christus

G. Brakelmann bietet selbst eine theologische Alternative an. Nämlich in der Art und Weise des Handelns Gottes durch und in Jesus Christus. In seinem Kreuz sieht er, wie ich aus einer seiner Karfreitagspredigten weiß, die Grundkonstellation der Weltgeschichte verkörpert. Der Zeuge der Liebe und der rettenden Botschaft wird verkannt und ans Kreuz geschlagen. In jeder Epoche wieder aufs neue und in anderer Weise. In ihm handelt Gott ohne Machtmittel, nur durch den Appell der Liebe an die Freiheit des Menschen und im Angebot einer zum versöhnenden Handeln befreienden Vergebung für die, die sich in allem Bemühen ‚schmutzige Hände‘ gemacht haben. Darin kann die Utopie einer politisch-gesellschaftlichen Verwirklichung einer gerechten und freien Gesellschaft (des ‚Reiches Gottes auf Erden‘) nicht zum entscheidenden Kriterium für die Trennlinie zwischen Glauben und Unglauben gemacht werden. Ein solcher Glaube ist in anderer Weise wirksam. Er motiviert, tröstet, erleuchtet, berührt, erlöst Menschen in dem von ihnen nur bedingt beeinflussbaren Machtgetriebe der Weltgeschichte. In einer Art und Weise, die nicht allein am ‚Erfolg‘ ihren

Maßstab hat. Der Film von Wim Wenders über Papst Franziskus vermittelt eindrückliche Szenen über diese andere Art von mitmenschlicher ‚Wirksamkeit‘ mit gleichzeitig klarer Analyse der heutigen Weltwirklichkeit mit ihrem Zerstörungspotential.

Biografisch weiß man, dass G. Brakelmann seine Aversion gegen machtpolitisch naive Positionen wohl in der Zeit der ‚Friedensbewegung‘ mit der Nachrüstungsdiskussion aufgebaut oder bestätigt gefunden hat. Es wäre gewiss nicht leicht zu klären, welche Position am Ende die grundlegende Wende von 1989 mit herbeigeführt hat. Aber zu einer Umorientierung in bis dahin als pragmatisch-realistisch geltenden Einschätzungen hat die Friedensbewegung gewiss viel beigetragen. Sie hat ein vielleicht „Mandat" übernommen, das auch G. Brakelmann einer christlichen Haltung und Verantwortung zuerkennt, selbst wenn diese im politischen Alltagsgeschäft als weltfremd, wirkungslos oder gar verächtlich erscheinen mag. Ein ‚Zeugnis‘ für eine friedliche und gerechte Welt im eigenen Leben, Handeln und Denken ebenso wie ein Versöhnungs- oder Liebeshandeln in der Sphäre der Macht hat immer ein „eschatologisches‘ Element, das sich in der gegenwärtigen Praxis nie ganz einlösen lässt. Es legt aber Zeugnis für eine Dimension ab, die nicht in der politischen Pragmatik aufgeht. So war ich zuletzt überrascht und erfreut, dass der Autor in Bezug auf seine christliche Orientierung von einem „ewigen Gegenentwurf" spricht.

Ein solches aus pragmatischer Sicht einseitig oder weltfremd wirkendes ‚Mandat‘ können natürlich auch nichtreligiöse Gruppen für sich beanspruchen, denke ich, auch wenn sie sich, was mir in diesem Felde des pragmatischen Handelns vielleicht sogar lieber wäre, auf keinen „ewigen Gegenentwurf" berufen möchten. Eine solches „Mandat" kann, wie er selbst erlebt und vorgelebt hat, auch in einer säkularen Verständigungswelt eine öffnende und fruchtbare Wirkung haben. Immer begleitet von der Frage, wo beginnt fundamentalistische Verblendung und wo ereignet sich ‚sachgemäße‘ Verbesserung zu einem erträglichen und erfüllenden Leben?

## Erbauen und Zerstören

In einem bemerkenswerten Vortrag entwickelte der Religionswissenschaftler Michael von Brück – zu Gast bei der Triennale in Bochum – eine mit dem Gott Shiva verkörperte indische Weltsicht. In ihm wird der konstitutive Zusammenhang von Bauen und Zerstören, von Werden und Vergehen, von Gewaltsamkeit und Erschaffen gedacht und verehrt. Auch das Erbauen des ‚Guten‘ ebenso wie seine unlebendige, nur noch konventionelle Fortdauer können eine gewaltsame Dimension haben und nach Veränderung und gar Zerstörung rufen. Welche wiederum im Erbauen einer neuen lebbaren Welt ihren Maßstab finden. Demgegenüber erscheinen uns oft die Katastrophen als Dementierung der Bemühungen um das Bauen einer zeitlich begrenzten Welt. Ein Anlass, über die erbauenden Kräfte in der Geschichte nachzudenken. Ihnen möchte der Autor natürlich mit seinen Reflexionen aufhelfen. Aber nach Sprache und Tendenz kann man gelegentlich den Eindruck gewinnen, dass seine pessimistische Anthropologie die Oberhand gewinnt. Der weltgeschichtliche Blick, der in neuen hoffnungsfrohen Anfängen schon wieder auf das bittere oder erfolglose Ende schaut, trägt wesentlich mit dazu bei. Im Hinblick auf ein favorisiertes Geschichtsziel übersieht man gerne die zu ‚Zwischenzeiten‘ erklärten Epochen, in denen unter komparativischen Kriterien auch lebenswert zu leben war. Zumal andere Maßstäbe des Lebenswerten galten. Vor dem für G. Brakelmann leitenden Maßstab einer menschenrechtlich orientierten Demokratie wird keine Epoche standhalten. Auch nicht unsere eigene. Man muss also offen bleiben dafür, andere Epochen und Kulturen an ihren eigenen Maßstäben zu messen. Dennoch wird man die demokratisch gelebten Menschenrechte als ‚Mandat‘ übernehmen können und ihnen wenigstens komparativisch näher kommen wollen.

Ganz allgemein könnte man einwenden: Zerstörung, gar Vernichtung, setzt zumindest eine zeitweise Existenz des Erbauten voraus. Auch wenn dieses noch so kümmerlich wäre, verdient es einen Vorrang. Der weltgeschichtliche Blick überspringt gerne das Dazwischen, in dem die Beteiligten schlecht und recht, hoffnungsvoll, idealistisch, realistisch, im Unwissen über die Wirkungen und Erfolge denken, handeln und empfinden, das Bestehende pflegen und verteidigen oder erneuern und zerstören. Was mir zu wenig berücksichtigt scheint, sind die Bereiche und Ebenen des Lebens, in denen die Menschen sich selbst unter den schlimmsten Umständen eine lebbare und menschlich geprägte Welt aufbauen und sie dankbar erleben, auch wenn sie die Verhältnisse nicht grundlegend ändern können. Eine Welt, die nicht im Politischen, nicht in der allgemeinen geschichtlichen Wirksamkeit, nicht im Erfolg aufgeht. Wie rührend schildert Goethe im zweiten Teil des Faust das bescheidene und dankbare Weltverhältnis von Philemon und Baucis im Kontrast zum welterobernden Wüten des erblindeten Faust als Beginn unserer Epoche. Gerade dann, wenn Lichtblicke im Lauf der mörderischen Geschichte sich nicht verbreiten konnten, seien sie der geschichtlichen Erinnerung besonders ans Herz gelegt. So wie es G. Brakelmann u.a. in seiner Biografie über J.H. Moltke, dem Mittelpunkt des Kreisauer Kreises, in Bezug auf dessen Gegenentwurf zum Nationalsozialismus auf eindrucksvolle Weise getan hat. Genauso wenig wie man das Paradies zum ‚Faktum' erklären und totalisieren darf, so auch nicht die Katastrophe Mensch. Das ist auch nicht beabsichtig. Aber im Aufzählen der Schrecken und ernüchternden Misserfolge kommt diese andere Seite zu kurz, meine ich.

## Ausgang vom Dasein des handelnden und leidenden Menschen in seiner Welt

Nach meiner Einsicht geht es in der Geschichtsbetrachtung auch oder gar zuerst darum, von der jeweiligen Gegenwart und ihrem Horizont, von der begrenzten Zeit der sterblichen Menschen in ihren Leiden und Freuden, Anfechtungen und Aufschwüngen, ihren Leistungen zur Lebenserhaltung und kulturellen Gestaltung, von ihrer jeweils begrenzten, aber auch schöpferisch offenen Situation und Lebenswirklichkeit auszugehen. In einer verallgemeinerten Formulierung: von ihrem gelebten und erlebten Dasein in begrenzter Zeit und Möglichkeit im Horizont ihrer Weltdeutung und -erfahrung. Also im Ausgang vom handelnden und leiden Menschen, wie der Historiker Jakob Burckhardt es auf eine Formel gebracht hat. Nicht die historische Wirkung zuerst soll unsere Einschätzung bestimmen, sondern das gelebte Dasein.

Dann werden gerade die komparativen Unterschiede in der Reichweite, im Ausmaß und im Charakter der Lebens- und Zerstörungsprozesse bedeutsam. Es kommt dann sehr darauf an, wie lange, an wie vielen Orten, wen betreffend, mit welcher Kriegstechnik, mit welcher Gesinnung, in welchen Abstufungen usw. die ‚bösen‘ Zerstörungsprozesse eine je anders verstandene und gebaute Welt angegriffen haben. Da würde unsere Moderne wohl am schlechtesten abschneiden, wenn man auch darin dem Grundsatz J. Burckhardts folgt, dass ein Zeitalter auch seine negativen Auswirkungen im Vergleich zu anderen auf sich nehmen muss.

Unter diesem Gesichtspunkt werden die Unterschiede der Epochen und Kulturen in ihren Haltungen und Einstellungen, werden ihre Arbeit und Mühe, ihre Ideale, Utopien, ihre religiöse Lebenspraxis, werden Lieder, Musik, Literatur, Bauten und Kunstwerke, Sitten und Gebräuche, ihre Handels- und Handlungsweise, ihre soziale Mitwirkung, ihre Gefühle, Ängste und Abgründe eine hohe Bedeutsamkeit (auch für uns) erlangen. Und keinesfalls nur in der politisch-gesellschaftlichen Wirksamkeit im engeren Sinne, noch dazu für die Nachwelt, letztlich für uns, ihre geschichtliche Bedeutung und ihren Beurteilungsmaßstab finden. Ihr anderes Weltverhältnis könnte in Bezug auf das eigene relevant werden, wenn auch die historischen Umstände der Vergangenheit angehören. In dieser nicht nur machtorientierten Sphäre ist der Kompromissstil der Politik keineswegs angesagt. Sie ist auch nicht vorrangig an ihrer politischen Wirkung zu messen oder wegen ihrer Wirkungslosigkeit in dieser Sphäre zu belächeln oder gar zu verachten. Umgekehrt soll natürlich auch gelten, dass die dort durchdachten und durchlebten Lebens-, Wahrheits-, Rechts-, Moral- und Gerechtigkeitsmaßstäbe nicht einfach auf die Sphäre der Machtpolitik übertragbar sind.

In einem solchen Horizont hat der Historiker J. Burckhardt Geschichte als Kulturgeschichte verstanden, in der die politisch-soziale Faktenwelt nur eine Dimension unter mehreren anderen gleich ursprünglichen darstellt und keineswegs zum Quell- und Rechtfertigungshorizont aller anderen erklärt werden darf. Eine solche Kulturgeschichte ginge auch über das hinaus, was wir im soziologischen Sinne als ‚Gesellschaft' fassen, zu der sie gerne als bloßer ‚Überbau' aufgefasst wird. Mir leuchten eher Sichtweisen ein, die die institutionalisierte Gesellschaft und Staatlichkeit, die Sphäre der Macht, als Klammer, Ermöglichung, Schutz und Beförderung des ‚Daseins' in allen diesen Dimensionen verstehen.

Unter solchen Gesichtspunkten habe ich z.B. für mich besonders beachtliche zeitdiagnostische Vorträge in meiner Zeit als Leiter der Ev. Stadtakademie Bochum unter dem Titel: ‚Weltentfremdung - Weltoffenheit. Alternativen der Moderne. Perspektiven aus Wissenschaft-Religion und Kunst' herausgegeben. Ihre Gruppierung kann zeigen, an welche Dimensionen ich dabei gedacht habe: ‚Das Babylon-Projekt - Weltsteuerung und Weltvereinheitlichung'; ‚Weltgespräch der Religionen'; ‚Weltoffenheit der Kunst'; ‚Weltbezug der lebendigen Natur'. Deswegen war ich besonders erfreut, als Hartmut Rosa jüngst eine groß angelegte Untersuchung unter dem Titel: ‚Resonanz. Eine Soziologie der Weltbeziehung', veröffentlicht hat. In ihr werden verschiedene Dimensionen der Weltbeziehung in ihrer Eigenständigkeit und Eigenwertigkeit unterschieden. Da geht es um Welterfahrung und Weltaneignung, gelingende und misslingende Weltbeziehung, um die des Körpers, der Emotionen, der kulturellen Weltbilder, um die Formen der mitmenschlichen Kommunikation, um soziale Sphären wie Familie, Freundschaft, Geselligkeit, um Atmosphären und Stimmungen, um die unterschiedlichen Beziehungen zu den Dingen, um Arbeit und Alltagspraktiken und um die spirituell-religiöse Dimension. Dies alles unter der Vermutung, dass unsere Epoche durch das „Verstummen der Welt", in meinem Begriff durch die ‚Weltentfremdung', geprägt ist.

In seinen ‚Reflexionen' wird nicht ganz das Ausmaß sichtbar, in dem G. Brakelmann in seinen historisch und biografisch orientierten Untersuchungen die jeweilige Alltagswelt und ihr Erleben entfaltet und berücksichtigt hat. Im Horizont seiner anthropologisch-theologischen Skepsis und des weltgeschichtlichen Überblicks können sie vielleicht nicht angemessen Berücksichtigung finden. Da dominiert noch eine Betrachtungsweise, die der Historiker Droysen im 19. Jahrhundert in seiner Historik ausgearbeitet hat. Nach ihm ist Geschichte im modernen Sinne im Prinzip nur die Bedeutung des Geschehenen (seine Wirkung) für ihren Fortgang, letztlich für unsere Gegenwart. Er hat auch gezeigt, dass die historisch-methodische Quellenkritik durch die zeitgemäßen Vorstellungen, Handlungs- und Denkweisen hindurch blicken möchte auf das, was in unserem Sinne politisch-soziale Realität war (für Droysen die Sphäre des machtvoll wirksamen Staates). Damit macht er aber diese ‚Geschichtswirklichkeit‘ zum Maßstab und führt somit das jeweils zeitgemäße Welt- und Wirklichkeitsverständnis auf unsere Auffassung von ‚Realität‘, der heute aller ‚Realismus‘ verpflichtet ist, zurück. In diesem Rahmen scheint mir auch G. Brakelmann trotz aller methodisch reflektierten Vergangenheitstreue noch zu denken, wenn er dazu neigt, Erfolg und Misserfolg des Geschichtsprozesses (zumindest unserer Neuzeit) am gegenwärtigen Maßstab der freiheitlich-demokratischen Industriemoderne zu messen und die machtmäßig und institutionell organisierte, in der ‚Tatsachenwelt‘ wirksamste politisch soziale Wirklichkeit zum entscheidenden Kriterium einer verbindlich-realistischen Einstellung macht.

## Im Horizont des ökologischen Bewusstseins

Jeder Realismus legt sich auf einen geschichtlichen Zustand fest und bestimmt in dessen Horizont, was ‚Tatsache‘ ist. Der unsrige war bis vor kurzem noch der Fortschritts- und Verheißungshorizont der Industriemoderne. Seitdem wir aber wissen können, dass für die beabsichtigte globale Verbreitung dieser Lebensform mehrere Erden notwenig wären, ist diese mit ihren Leitideen grundsätzlich in Frage gestellt. Vor diesem Hintergrund erweist sich nun die neuzeitliche Idee einer der Natur gegenüberstehenden Menschheit, die sie als ‚Bestand und Ressource‘ zur technisch-ökonomisch organisierten Nutzung für explodierende menschliche Bedürfnisse ansieht, als eine höchst unrealistische Utopie, der aber heutige ‚Realisten‘ weiterhin folgen möchten.

Der französische Sozialphilosoph Bruno Latour unterstellt sogar in seinem kürzlich erschienenen Buch: ‚Das terrestrische Manifest‘, dass die Leugnung des Klimaproblems im Trumpismus nur den Sinn hat, die Verheißung der Fortschrittsidee für alle zurückzunehmen und nur noch für sich rettende ‚Eliten‘ und Weltteile zu reklamieren. Die Pariser Klimakonferenz bedeute dagegen die Anerkennung der meisten Staaten, dass das bisherige Regime nicht in gleicher Weise in die Zukunft fortsetzbar ist.

Hier tut sich ein ganz neuer ‚ökologisch‘ zu nennender Denk- und Handlungshorizont auf, der auch die Grundlagen der bisherigen Auffassung von Natur, der Stellung des Menschen, der vermeintlich ‚objektiven‘ Wissenschaften, der fabrikmäßigen Produktion und der rechtlichen und politischen Handlungsweisen betrifft. Daran wird allerorten gearbeitet. Ohne Gewissheit, dass sich diese Ansätze gegen den Glauben, die Krise mit einer Steigerung der bisherigen Mittel und Wege zu bewältigen, durchzusetzen vermag. Der Soziologe Gerhard Schulze hat in seiner Untersuchung: ‚Die beste aller Welten. Wohin bewegt sich die Gesellschaft im 21. Jahrhundert?‘ eindrucksvoll aufgezeigt, wie dieser Konflikt z.Zt. die gesellschaftliche Realität neu definiert, die aufkommenden Probleme aber immer noch mit einer Fortsetzung der herrschenden Steigerungslogik beantwortet werden.

Das theologisch reflektierte realistische Mandat von G. Brakelmann hat sich der humanen Gestaltung der geschichtlichen Wirklichkeit der Industriemoderne gestellt, ihre Hoffnungen geteilt, ihre Fehlentwicklungen benannt, ihre komparativische Verbesserungsperspektive sozialwissenschaftlich, theologisch und handelnd ausgearbeitet. Konsequenterweise hat sich dies in einer sozialdemokratisch-gewerkschaftlichen Politik niedergeschlagen. Was hätte man Besseres tun können, solange dieses Paradigma unausweichlich unsere geschichtliche Wirklichkeit bestimmte und noch bestimmt? Walter Benjamin hat jedoch schon in den vierziger Jahren angesichts des Hitler-Stalinpaktes in seinem geschichtsphilosophischen Thesen zum ‚Begriff der Geschichte‘ gesehen, dass sich die Sozialdemokratie diesem Projekt der Industriemoderne gänzlich verpflichtet habe, darin aber auch ihre Grenze finde.

In Bezug auf das, was ich im weitesten Sinne als Technik begreife, mögen sich unsere Grundanschauungen unterscheiden. Gerade weil dadurch die Erde im ganzen als unsere ‚Wohnstatt' bedroht erscheint, sehe ich inzwischen mit vielen anderen die Aufgabe, das Weltverhältnis, das dieser geschichtlichen Konstellation zu Grunde liegt, zu überdenken. Man sieht es sich realisieren in der Selbstverwirklichung durch die technische Steuerungsfähigkeit aller Bereiche: bis zur genetischen Körper-, Seelen- und Gehirnmanipulation im persönlichen Feld und zur Gesellschaftsteuerung durch Big-Data. Das wäre doch wohl die angestrebte Realisierung der ‚Selbstvergottung' der Menschheit.

Meine Denk- und Arbeitsrichtung geht davon aus, dass es den ‚anderen Anfang' im Weltverhältnis, nämlich in dem, worauf es zum naturbezogenen und selbstkritischen ‚Wohnen' des Menschen auf dieser Erde ankäme, in der Kunst und Literatur der Moderne schon gegeben hat. Hier gibt es auch Zeugnisse für die übersehene oder übergangene ‚Herrlichkeit' der Erde.

## Der Utopismus der Industriemoderne

Vielleicht ist Hoffnung für eine notwendige ‚Transformation' gerade aus der Tatsache zu gewinnen, dass die Weltsicht unserer Industriemoderne selber als etwas geschichtlich völlig Neues in der Zeit der Entstehung des Zusammenhangs von neuzeitlicher Naturwissenschaft und Technik aufgekommen ist. Es gilt wieder zu realisieren, dass sie sich von allen bisherigen Anschauungsweisen und Lebensformen grundsätzlich unterscheidet. Daran darf alles berechtigte Beteuern, dass es zu allen Zeiten den Kampf zwischen ‚Gut und Böse' gegebene habe und Gewaltbereitschaft, Krieg und Verderben zur menschlichen Grundausstattung gehöre, nicht vorbei sehen. Es geht in dieser Unterscheidung letztlich wohl um die Entscheidung zwischen einer Verneinung oder Bejahung unserer begrenzten, tragischen, aber auch wunderbaren Erdwirklichkeit. Gewiss eine Welt der Komparative, jedoch in ganz verschiedenen Weltverständnissen und -zusammenhängen. Unsere Neuzeit ist darin im Ansatz utopisch, dass sie über deren Bedingungen hinauskommen wollte. Und dieser Utopismus bedroht heute die Erde als unsere mögliche ‚Wohnstatt‘, zunächst aber als Wohnstatt von Tier- und Pflanzenwelt. Auch G. Brakelmann hält es für möglich, dass es aufgrund der Freiheit zum Bösen zu einer atomaren Vernichtung der ‚Wohnstatt Erde‘ kommen könnte. Übrigens eine Einschätzung, die auch Imre Kertèsz als Konsequenz seiner Erfahrungen mit der ‚Menschheit‘ im Holocaust teilt. Von Fidel Castro ist überliefert, dass er in der Kubakrise einen Atomkrieg ‚für die gute Sache‘ in Kauf genommen hätte. Infolge einiger rettender ‚Zufälle‘ sind wir nach heutigen Recherchen gelegentlich nur knapp der Katastrophe entgangen. Auch wenn es keinen Gott gäbe, sollte unser Danklied dennoch gen Himmel tönen!

Es ist aber nicht nur, wie ich meine, die Möglichkeit einer kriegerisch atomaren Weltzerstörung,  sondern auch eine Gefahr der exzessiven friedlichen Nutzungsperspektive in Bezug auf unsere Erde. G. Brakelmann sieht diese Gefahren auch, sie werden aber tendenziell mit der grundsätzlichen Ambivalenz des menschlichen Handelns zwischen ‚Gut und Böse‘ erklärt, gewiss nicht entschuldigt, aber mit anderen Fehlentwicklungen vergleichbar gemacht. Dass sich ein anderer Welthorizont angesichts dieser Probleme und Gefahren auftut oder auftun sollte, wird er skeptisch beurteilen oder gar als einen unrealistischen Utopismus verwerfen. Das zu bedenken, bedarf es eines Freiraums, der nicht unmittelbar auf seine politisch-soziale Wirksamkeit abgefragt wird. Viele Initiativen weltweit bauen an diesem Ort ihre ‚alternativen Projekte‘ und Gedankengänge. Ihre größte Hoffnung könnte das Aufkommen der Indurstriemoderne selbst sein. Aus Ansätzen, die sich zunächst nur in wissenschaftlichen Zirkeln, in kulturellen Selbstverständigungsprozessen über die Stellung des Menschen im Kosmos und als Subjekt der Geschichte gebildet haben, über kleinste Anfänge technisch-fabrikmäßiger Produktion ist unsere nun sich weltweit verbreitende technisch-wissenschaftliche Zivilisation mit ihren Bedürfnissen entstanden. Auf ein Neues nun! Zurück zur alten und immer neuen Erde!

## Literatur


Latour, Bruno, Das terrestrische Manifest, edition suhrkamp 2018

Rosa, Hartmut, Resonanz. Eine Soziologie der Weltbeziehung, Suhrkamp, Frankfurt a.M. 2016

Schulze, Gerhard, Die beste aller Welten. Wohin bewegt sich die Gesellschaft im 21. Jahrhundert? Hanser-Verlag 2003

Schröter, Hartmut (Hrsg.) Weltentfremdung – Weltoffenheit. Alternativen der Moderne. Perspektiven aus Wissenschaft - Religion – Kunst, Zeitansage Bad 3, Schriftenreihe des Evangelischen Forums Westfalen und der Evangelischen Stadtakademie Bochum, LIT -Verlag 2008

Schröter, Hartmut, Historische Theorie und geschichtliches Handeln. Zur Wissenschaftskritik Nietzsches, Kunsterfahrung und Zeitkritik Band 3, hrsg. von Dieter Jähnig, Mäander-Verlag, München 1982

Prof. Dr. Traugott Jähnichen

# Skeptischer Realismus und das Ringen um Verbesserungen der Lebensverhältnisse

## Überlegungen zur Anthropologie und Sozialethik Günter Brakelmanns

Günter Brakelmanns Thesen zur Anthropologie, zum Geschichtsverständnis und zur Bedeutung der Ethik im öffentlichen Diskurs verdanken sich der intensiven Erforschung der allgemeinen Geschichte, speziell der kirchlichen Zeitgeschichte, sowie der theologischen Sozialethik. Gleichzeitig sind sie von einem hohen persönlichen Engagement in der zeitgenössischer Politik und Wirtschaft sowie in kirchlichen Aufgaben geprägt. Günter Brakelmann lässt sich nicht auf eine Rolle reduzieren, sondern er hat souverän Grenzen überschritten und gerade dieser Wechsel zwischen verschiedenen Bereichen hat sich als sehr produktiv erwiesen. So war und ist Günter Brakelmann nie nur Universitätslehrer, sondern immer auch in der Öffentlichkeit, in Kirche, Gesellschaft und Erwachsenenbildung stark engagiert, nie nur ein Mann der Kirche, sondern immer auch Gewerkschafter und Sozialdemokrat, nie nur ein Anwalt von Arbeitnehmerinteressen, sondern auch ökonomisch versiert und erfolgreich, als elfter Mann in montanmitbestimmten Aufsichtsräten und vor allem als Aufsichtsratsvorsitzender der Bavaria Film AG.

Dieser „Sitz im Leben" seiner Thesen ist stets mit zu bedenken: Es sind keine rein akademisch-abstrakt gewonnen Einsichten, sondern sie sind lebensweltlich „geerdet". In diesen Thesen mischt sich in profilierter Weise eine grundsätzliche Skepsis angesichts der conditio humana mit der Hoffnung auf eine schrittweise und kontinuierliche Verbesserung der menschlichen Lebensbedingungen. Eindrücklich betont Günter Brakelmann die Zwiespältigkeiten menschlicher Möglichkeiten, die von der Fähigkeit zum Guten wie zur Neigung zum Bösen bestimmt sind. Die geschichtliche Erfahrung mit ihren brutalen und unmenschlichen wie mit ihren wegweisenden und gelungenen Entwicklungen bringt diese Ambivalenz des Menschlichen eindrücklich zum Ausdruck. Theologisch bildet das realistische Menschen- und Weltbild Martin Luthers den Rahmen, von dem aus Günter Brakelmann seine anthropologischen und historischen Analysen sowie entsprechende sozialethische Optionen entwickelt.

Die derart skizzierte Grundhaltung zeichnet sowohl den Kirchengeschichtler wie auch den Sozialethiker Günter Brakelmann aus, der nicht zuletzt um die Widersprüchlichkeiten des Protestantismus genau Bescheid weiß. Dieser Realismus schließt gerade nicht aus, sich engagiert an einer schrittweisen Verbesserung der Lebensbedingungen in dieser Welt zu beteiligen und dabei auch die Gestalt der Kirche geduldig weiter zu entwickeln. Programmatisch lässt sich diese Haltung im Sinn einer Ethik des Komparativs, der schrittweisen Verbesserung, interpretieren. Dies bringt Günter Brakelmann in eine grundsätzliche Distanz zu utopischen Ideen und Projekten, deren Umschlagen in totalitäre Gewalt nur allzu sehr die Geschichte des 20. Jahrhunderts bestimmt hat.

Diese skizzierte theologisch-anthropologische Grund-Konstellation kommt unter unterschiedlichen Bedingungen und zu verschiedenen Zeiten immer wieder neu zum Vorschein, auch in der Gegenwart. So wird gegenwärtig vielfach einerseits das programmatische Stichwort der „Selbstverwirklichung" als Leitbild propagiert, dem im Horizont einer individualistischen Grundhaltung Solidarität und soziale Verantwortung fremd geworden zu sein scheint. Andererseits ist ebenso wahrzunehmen, dass sich tendenziell eher mehr Menschen freiwillig und unentgeltlich an gemeinwohlorientierten Aufgaben beteiligen und Hilfen leisten. Beides ist in den Blick zu nehmen und nur in solchen Zwiespältigkeiten sind die Gegenwart wie die Geschichte angemessen zu deuten. Einfache Antworten oder ein simples Schwarz-Weiß-Schema werden dieser Komplexität nicht gerecht, weshalb Günter Brakelmann immer wieder dazu ermuntert, die Wirklichkeit in ihren Spannungen und auch Widersprüchen angemessen wahrzunehmen.

Angesichts dieser Bestimmung der conditio humana kann es keine ungebrochene Fortschrittsgeschichte geben, ungeachtet der bedeutsamen Fortschritte nicht zuletzt in der deutschen Geschichte insbesondere seit der Mitte des 20. Jahrhunderts. Doch gleichzeitig zeigen die tiefen Zivilisationsbrüche der beiden Weltkriege und der NS-Verbrechen an politischen Gegnern und insbesondere der Ermordung eines Großteils des europäischen Judentums sowie der Sinti und Roma, dass stets Rückfälle in die Barbarei drohen. Die zivilisatorischen Errungenschaften sind immer bedroht und müssen mit Engagement verteidigt werden.

Vor diesem Hintergrund ist es nach Günter Brakelmanns Ansicht eine nicht zu unterschätzende Leistung in der Geschichte der Bundesrepublik Deutschland, dass die Entwicklung eines Sozialstaates und einer Wirtschaftspraxis, welche der Spaltung der Gesellschaft durch Sozialtransfers nachhaltig entgegen zu wirken versucht, einen wesentlichen Fortschritt markiert. Dies ist festzuhalten, auch wenn ein Abbau der in langen geschichtlichen Entwicklungen entstandenen Ungleichheiten nicht oder kaum gelungen ist. Solche Ungleichheiten sind durch sozialstaatliche Innovationen zwar gemildert worden, jedoch nicht aufgehoben. Hinzu kommt, dass sich diese Ungleichheiten auf Grund unterschiedlicher Startbedingungen und gesellschaftlicher Voraussetzungen tendenziell fortschreiben. Umso wichtiger ist es, durch die Eröffnung realistischer Aufstiegschancen, welche den Leistungs- und Bildungswillen eines großen Teils der Bevölkerung wesentlich mitbestimmen, eine höhere gesellschaftliche Mobilität zu ermöglichen. Zeitweise ist dies in der Geschichte der Bundesrepublik relativ gut gelungen, gegenwärtig stagnieren jedoch soziale Aufstiegschancen in bedenklicher Weise. Ungeachtet dieser Einschränkungen konnte im letzten halben Jahrhundert ein verlässlicher demokratischer Rechts- und Sozialstaat in Deutschland entwickelt werden, der in der deutschen Geschichte wie auch im internationalen Kontext keinen Vergleich scheuen muss.

Die schrittweise Entwicklung solcher Gestaltungsoptionen bedarf vieler Konkretionen in den unterschiedlichen gesellschaftlichen Bereichen, nicht zuletzt in der Arbeits- und Wirtschaftswelt. Man findet in der evangelischen Sozialethik kaum jemanden, der ähnlich wie Günter Brakelmann dieses mühsame Geschäft der detaillierten Durchdringung entsprechender Fragestellungen auf sich genommen hat. Er hat die einzelnen Regelungsmechanismen für eine menschengerechtere Gestaltung der Arbeits- und Wirtschaftsstrukturen studiert – insbesondere im Dialog mit den jeweils Betroffenen – und auf der Basis der evangelischen Sozialethik eine Vielzahl vorwärtsweisender Impulse – etwa im Blick auf die Humanisierung der Arbeitswelt, der Gestaltung der Beziehungen zwischen Unternehmern und Arbeitnehmern oder der Entwicklung einer zeitgemäßen Unternehmensverfassung – entwickelt.

Im Hintergrund seiner Überlegungen stand dabei stets eine Würdigung der in der bundesdeutschen Nachkriegszeit als Leitorientierung dienenden Konzeption der Sozialen Marktwirtschaft. Diese Konzeption ist ein Ordnungsentwurf, der wesentlich im Widerstand gegen den Nationalsozialismus entwickelt wurde und der tiefgreifend von protestantischen Traditionen geprägt ist. Freiheit und Gerechtigkeit in eine praktische Balance zu bringen, war und ist das zentrale Anliegen dieses programmatischen Leitbildes. Ausgehend von verantwortlicher Freiheit als der protestantischen Grundorientierung schlechthin zielt die Soziale Marktwirtschaft darauf, eine angemessen Teilhabe an den Grundgütern und Möglichkeiten der Gesellschaft für alle zu eröffnen. Da sich das Soziale in einer marktwirtschaftlichen Ordnung nicht von selbst versteht, muss es politisch gestaltet werden, insbesondere durch sozial- und steuerpolitische Maßnahmen. Dies ist nicht allein im Sinn einer nachträglichen Korrektur der Marktergebnisse zu verstehen, sondern ebenso als Voraussetzung einer erfolgreichen Marktwirtschaft, indem entsprechende Investitionen in die Infrastruktur und insbesondere in die Bildungspolitik getätigt werden können.

In der Gegenwart besteht eine weitere zentrale Herausforderung angesichts der offenkundig werdenden Krisen der bisherigen Form des Wirtschaftens darin, ökologische Standards in den wirtschaftspolitischen Ordnungsrahmen einzubeziehen. Die Preisgestaltung, zentrales Element einer Wettbewerbsordnung, ist diesbezüglich extrem verzerrt, da Folgelasten nicht angemessen in den gegenwärtigen Preisen berücksichtigt, sondern faktisch auf die zukünftigen Generationen verschoben werden.

Darüber hinaus ist die Konzeption der Sozialen Marktwirtschaft seit rund drei Jahrzehnten zunehmend durch die Prozesse der Globalisierung und der Digitalisierung der Wirtschaft unter Druck geraten.

Auch dies führt tendenziell zu einer Erosion von sozialen und ökologischen Standards, wenn nicht bewusst gegengesteuert wird. Deshalb bleibt die Ordnungspolitik die zentrale wirtschaftsethische Gestaltungsebene. Die Politik darf sich nicht – wie vielfach zu beobachten, etwa wenn Kanzlerin Merkel verschiedentlich von einer marktkonformen Demokratie gesprochen hat – in den Dienst der Wirtschaft stellen. Stattdessen muss sie einen fairen, demokratisch legitimierten Rahmen des Wirtschaftens abstecken, der die Vorteile einer marktwirtschaftlichen Wettbewerbsordnung mit sozialen und ökologischen Ausgleichsmechanismen kombiniert. In der Vergangenheit, konkret in der Geschichte der „Bonner Republik" der Bundesrepublik, wurde dies wesentlich im nationalstaatlichen Rahmen gestaltet, was heute jedoch nicht mehr möglich ist. Diese Rolle muss nun die EU übernehmen, deren Gestaltungswille und demokratische Legitimation diesbezüglich bisher unzureichend entwickelt sind.

Neben der Betonung dieser ordnungspolitischen Aufgaben hat Günter Brakelmann mit demselben Nachdruck die alltäglichen Erfahrungen der Arbeitswelt, das Miteinander der Arbeitenden, reflektiert und dabei vor allem die Bedeutung der Solidarität thematisiert. Solidarität entsteht aus der Erfahrung des Aufeinander-Angewiesenseins in der Arbeitswelt wie auch in der gemeinsamen Lebenswelt. Diese Solidarität lässt füreinander einstehen und bewährt sich in der alltäglichen Arbeit wie in besonderen Notlagen. Diese lebensweltlich begründete Solidarität markiert eine ideelle Grundlage der neuzeitlichen Emanzipations-, speziell der Gewerkschaftsbewegung. Über die traditionellen sozialen Hilfsmaßnahmen hinaus hat sich die gewerkschaftliche Solidarität gerade im Einsatz für verbesserte Arbeits-, Mitbestimmungs- und vor allem Lohnbedingungen bewährt. Als eine solche Haltung verdient sie eine theologische Würdigung, für die sich Günter Brakelmann zeitlebens eingesetzt hat. Die EKD hat dies im Jahr 2015 mit der Denkschrift „Solidarität und Selbstbestimmung im Wandel der Arbeitswelt. Eine Denkschrift der EKD zu Arbeit, Sozialpartnerschaft und Gewerkschaften" zumindest teilweise eingelöst. Solidarität ist – trotz aller Veränderungen in der Arbeitswelt und eines allgemeinen gesellschaftlichen

Individualisierungsschubes – kein überholter Begriff der Arbeiterbewegung. Günter Brakelmann hat immer wieder gezeigt, wie individuelle Freiheit und kollektive Sicherungen dieser Freiheit nicht als Gegensatzpaar zu begreifen sind, sondern einander stützen. Zwischen beiden Größen besteht ein wechselseitiges Bedingungsverhältnis, weshalb eine Bejahung der individuellen Selbstentfaltung und ein Engagement für die Pflege solidarischer Gesellschaftsstrukturen als deren entscheidende Voraussetzung aufeinander zu beziehen sind.

Die Rolle von Intellektuellen und auch von vielen Theologen hat Günter Brakelmann angesichts dieser Herausforderungen und Aufgaben häufig zurückhaltend, bisweilen auch sehr kritisch bewertet. Die bloße Entwicklung immer neuer ethischer Verhaltenskodices oder gar utopischer Konzeptionen kann nämlich nicht darüber hinwegtäuschen, dass die conditio humana wohl kaum tiefgreifend zu verändern ist. Intellektuelle können Nachdenklichkeit, manchmal sogar ein Umdenken provozieren, aber – so Günter Brakelmann – „im Ganzen bleibt die Welt die alte Welt". Ungeachtet dessen besteht die theologisch begründete, sozialethische Aufgabe darin, sich kontinuierlich für schrittweise Verbesserungen einzusetzen, auch wenn politischen Konflikte – im Innern wie im Äußeren – gegenwärtig offenkundig nicht weniger werden. Dabei gilt es stets, den vermeintlichen Gegner nicht zu verteufeln, sondern den Dialog mit ihm zu suchen, so schwer es auch manchmal fallen mag.

Günter Brakelmann hat seine Verpflichtung als Theologe und als politisch aktiver Zeitgenosse ganz wesentlich darin gesehen, sein Engagement in den Dienst der Benachteiligten in der Gesellschaft zu stellen. Diese Solidarität mit den „einfachen Menschen", damit sie ihrer Bestimmung, als Ebenbild Gottes leben zu können, näher kommen, steht im Zentrum seiner historischen und sozialethischen Beiträge. Diesen Grundzug gilt es mit Nachdruck zu würdigen und als weiter wirkenden Impuls für das eigene Denken und Handeln aufzunehmen.

Man ehrt Günter Brakelmann am besten, wenn man seine Bücher und Aufsätze zur Hand nimmt und liest, gerade auch, wenn manches schwierig und bisweilen sperrig erscheint, wie vielleicht teilweise in den hier abgedruckten Thesen. Die Auseinandersetzung mit seinen Überlegungen lohnt, sie eröffnet immer wieder neue und oft ungeahnte

# Professor Dr. Günter Brakelmann
# im Programm der Evangelischen Stadtakademie
# 2009 – 2019

Donnerstag, 26. März 2009
Professor Dr. Günter Brakelmann
**Der Weg nach Barmen: Zur Entstehung der Barmer**
**Theologischen Erklärung von 1934**
Seminar

Dienstag, 31. März 2009
Professor Dr. Günter Brakelmann
**Die Barmer Theologische Erklärung von 1934 und ihre politischen**
**Implikationen**

Sonntag, 13. September 2009
Professor Dr. Günter Brakelmann und Horst Friedrichsmeier
**Walter Engelbert – Widerstand aus christlichem Glauben**
**Ein Pfarrer im Kirchenkampf in Bochum und Detmold**

Samstag, 2. Oktober 2010
Professor Dr. Günter Brakelmann und Dr. Manfred Keller
**Von der Freiheit eines Christenmenschen**
Studientag in der Reihe „Luther lesen – Mit Luther lernen"

Samstag, 18. Juni 2011
Professor Dr. Günter Brakelmann
**„Von weltlicher Obrigkeit, wie weit man ihr Gehorsam schuldig sei"**
Studientag in der Reihe „Luther lesen – Mit Luther lernen"

Samstag, 17. September 2011
Professor Dr. Günter Brakelmann
**Die Bochumer Synoden 1913 bis 1919**
Lektüre- und Gesprächsseminar

Samstag, 8. Oktober 2011
Professor Dr. Günter Brakelmann
**„Von weltlicher Obrigkeit, wie weit man ihr Gehorsam schuldig sei"**
Studientag in der Reihe „Luther lesen – Mit Luther lernen"

Dienstag, 29. November 2011
Professor Dr. Günter Brakelmann
**Martin Luther und die Juden**

Sonntag, 29. April 2012
Professor Dr. Günter Brakelmann
**Peter Yorck von Wartenburg**

Dienstag, 15. Mai 2012
Werner Milert und Rudolf Tschirbs
**Die andere Demokratie.**
**Geschichte der Betriebsverfassung in Deutschland 1848 – 2008**
Buchvorstellung mit Einführung von Professor Dr. Günter Brakelmann

Mittwoch 26. September 2012
Professor Dr. Dieter Beese und Professor Dr. Traugott Jähnichen
**Zur Zukunft der Evangelischen Kirche**
Reihe: „Zu Gast bei Günter Brakelmann"

Donnerstag, 20. Dezember 2012
Thomas Eiskirch MdL und Professor Dr. Bernd Faulenbach
**Die Zukunft der Sozialdemokratie im Bund und vor Ort**
Reihe: „Zu Gast bei Günter Brakelmann"

Donnerstag, 31. Januar 2013
Professor Dr. Günter Brakelmann und Superintendent Peter Scheffler
**Die Evangelische Kirche in Bochum 1933**
**Vor 80 Jahren – Machtübergabe an die Nationalsozialisten**

Samstag, 16. Februar 2013
Professor Dr. Günter Brakelmann
**Protestantismus und Nationalsozialismus 1933/34**
**vor 80 Jahren – Machtübergabe an die Nationalsozialisten**
Seminar

Mittwoch, 10. April 2013
Fritz Pleitgen und Matthias Bongard
**Machen Radio und Fernsehen (politisch) dumm?**
**Der Bildungsauftrag der Medien.**
Reihe: „Zu Gast bei Günter Brakelmann"

Dienstag, 14. Januar 2014
Horst Friedrichsmeier und Superintendent Peter Scheffler
**Wie verhielt sich die Ruhrgebietssynode nach 1918/19
zur Weimarer Republik und zum aufkommenden
Nationalsozialismus?**
Buchvorstellung: Günter Brakelmann, Die Bochumer Synoden 1919 – 1933

Dienstag, 18. März 2014
Professor Dr. Günter Brakelmann
**Evangelische Kirche am Anfang des Krieges in Berlin und Bochum**

Mittwoch, 2. April 2014
Fritz Pleitgen, Axel Schäfer MdB, Professor Dr. Günter Brakelmann und
Arno Lohmann
**Stadtakademie aktuell: Zur Situation in der Ukraine**

Dienstag, 8. April 2014
Professor Dr. Günter Brakelmann
**Die theologische Ethik des Politischen bei Martin Luther
„Von weltlicher Obrigkeit, wie weit man ihr Gehorsam schuldig sei"
(1523)**

Dienstag, 16. September 2014
Professor Dr. Günter Brakelmann
**Protestantismus im Epochenjahr 1917
Protestantische Stimmen zu den Kriegszielen aus den Jahren 1916/17**

Freitag, 19. September – Sonntag, 21. September 2014
**Der Erste Weltkrieg und die Schlacht an der Somme:
Arras – Peronne
mit Museum „Historial de la Grande Guerre" – Amiens**
Studienreise nach Frankreich/Picardie

Donnerstag, 13. November 2014
Professor Dr. Dieter Beese, Professor Dr. Günter Brakelmann und
Arno Lohmann (Hg.)
**Studienhefte „Luther und die Reformation"**
Präsentation der Buchreihe

Sonntag, 13. September 2015
Professor Dr. Günter Brakelmann
**„Kriegs-Lyrik" im Ersten Weltkrieg**
mit Susanne Hocke und Jürgen Larys, artENSEMBLE THEATER

Dienstag, 26. Januar 2016,
Professor Dr. Günter Brakelmann
**Thomas Müntzer und Martin Luther**

Dienstag, 2. Februar 2016
Dr. Hartmut Schröter
**Günter Brakelmann: Wilhelm Schmidt. Bochumer Pfarrer
in dramatischer Zeit (1937 – 1954)**
Buchvorstellung

Samstag, 5. März 2016
Professor Dr. Günter Brakelmann
**Thomas Müntzer und Martin Luther, Teil II und III**

Dienstag, 15. März 2016
Professor Dr. Günter Brakelmann
**Die Passion Jesu. Ereignis der Weltgeschichte – bis heute**

Samstag, 4. Juni 2016
Professor Dr. Dieter Beese, Professor Dr. Günter Brakelmann und
Arno Lohmann
**Autorentagung Luther-Studienhefte**

Sonntag, 22. Januar 2017r
Professor Dr. Günter Brakelmann
**Luthers Marienbild. Maria, Luther und die Dorfkirche**
Reihe: „Luther und seine Deutschen"
Ev. Kirche Stiepel

Sonntag, 19. Februar 2017
Professor Dr. Günter Brakelmann
**Das Reformationsjubiläum 1883**
Reihe: „Luther und seine Deutschen"
Ev. Kirche Stiepel

Donnerstag, 2. März 2017
Professor Dr. Günter Brakelmann
**Zwischen Lebenslust und Sterbeerfahrung**
**Mit Martin Luther sterben lernen**
Hospiz St. Hildegard, Bochum

Sonntag, 5. März 2017
Professor Dr. Günter Brakelmann
**Das Reformationsjubiläum 1917**
Reihe: „Luther und seine Deutschen", Ev. Kirche Stiepel

Sonntag, 19. März 2017
Professor Dr. Günter Brakelmann
**Das Reformationsjubiläum 1933**
Reihe: „Luther und seine Deutschen", Ev. Kirche Stiepel

Sonntag, 2. April 2017
Professor Dr. Günter Brakelmann
**Das Reformationsjubiläum 1983**
Reihe: „Luther und seine Deutschen", Ev. Kirche Stiepel

Dienstag, 8. August 2017
Professor Dr. Günter Brakelmann
**Luther und die Juden**
Stiepeler Kultursommer trifft Martin Luther
Reihe: „Luther und seine Deutschen", Ev. Kirche Stiepel

Dienstag, 5. September 2017
Professor Dr. Günter Brakelmann
**Martin Luther und die protestantische Kirche – Das Epochenjahr 1917**
**400 Jahre Reformationsgedenken – am Beispiel der**
**Wittenberger Luthertage**

Dienstag, 19. September 2017
Professor Dr. Günter Brakelmann
**Martin Luther 1933 und die Kirche auf der Schwelle**
**zum Nationalsozialismus**
450 Jahre – Geburtstag des Reformators

Dienstag, 7. November 2017
Professor Dr. Günter Brakelmann
**War Luther Wegbereiter des modernen Antisemitismus?**
Eine quellenorientierte Einordnung einer zentralen Frage
im 500. Reformationsgedenkjahr

Freitag, 1. Juni 2018
Professor Dr. Günter Brakelmann, Freundinnen und Freunde
**Theologisch – anthropologische und ethische Reflexionen**
Gesprächsabend mit Professor Brakelmann

Sonntag, 9. September 2018
Kinodokumentarfilm und Nachgespräch mit den Filmemachern und
Professor Günter Brakelmann
**„Geschichte einer Liebe – Freya"**
Von Antje Starost und Hans Helmut Grotjahn, D 2016, 87 Min.
mit Freya von Moltke, Helmuth Caspar von Moltke
und der Percussionistin Vivi Vassileva
Evangelische Kirche Gerthe

Sonntag, 16. September 2018
Superintendent Dr. Gerald Hagmann, Professor Dr. Albrecht Geck und
Arno Lohmann
200 Jahre Kreissynode Bochum
**Günter Brakelmann: Geschichte des Kirchenkreises Bochum
im 19. Jahrhundert (1818 – 1912)**
Buchvorstellung

Samstag, 22. September 2018
Professor Dr. Günter Brakelmann und Arno Lohmann
**Karl Marx 1818 – 1883. Sein Leben. Sein Werk. Seine Zeit**
Studienfahrt zu dem Karl-Marx-Ausstellungen, Trier

Donnerstag, 8. November 2018
Dr. Hubert Schneider und Professor Dr. Günter Brakelmann
**Die Ereignisse des 8. – 12. Novembers 1938 im „Deutschen Reich"
und in Bochum**
Gemeindehaus Pauluskirche

Freitag, 9. November 2018
**Albert Schmidt und Hans Ehrenberg – Widerstand gegen den Terror**
**Erinnerung an den Novemberpogrom gegen unsere jüdischen**
**Mitbürger vor 80 Jahren**
Mit Susanne Hocke und Jürgen Larys, artENSEMBLE THEATER
Pauluskirche Bochum

Mittwoch, 28. August 2019
Professor Dr. Günter Brakelmann
**80 Jahre Beginn des Zweiten Weltkriegs.**
**Kirchliche Äußerungen in den Kriegsjahren 1939 bis 1941**

Sonntag, 1. September 2019
Melanchthonkirche Bochum
„Für den Tag des Friedens"
**Der „Frieden" – ein nie erledigtes Thema**
Kanzelrede: Professor Dr. Günter Brakelmann
Orgel: Ludwig Kaiser

Dienstag, 1. Oktober 2019
Professor Dr. Traugott Jähnichen und Dr. Norbert Friedrich
**Günter Brakelmann: Aus Herkunft Zukunft gestalten!**
**Kirche, Protestantismus und Soziale Frage im**
**19. und 20. Jahrhundert**
Eine Buchvorstellung

Montag, 18. November 2019
Professor Dr. Günter Brakelmann und Arno Lohmann
**Wie erlebten die Bochumerinnen und Bochumer den**
**Zweiten Weltkrieg**
**Dokumente aus Kirche und Gemeinden**
(geplant)

Dienstag, 17. Dezember 2019
Professor Dr. Traugott Jähnichen und Arno Lohmann
**Zur Diskussion:**
**Theologisch-anthropologische und ethische Reflexionen –**
**Eine Erfahrungsbilanz von Günter Brakelmann zur ethischen**
**Verantwortung in Gesellschaft, Politik und Kirche**

# Literaturverzeichnis

**Veröffentlichungen zur Kirchengeschichte des 19. und 20. Jahrhunderts**

Die soziale Frage des 19. Jahrhunderts, Witten 1962, 7. Auflage 1981 (teilweise übersetzt ins Koreanische und Japanische)

Kirche und Sozialismus im 19. Jahrhundert. Die Analyse des Sozialismus und Kommunismus bei Johann Hinrich Wichern und bei Rudolf Todt, Witten 1966

Protestantische Kriegstheologie im 1. Weltkrieg. Reinhold Seeberg als Theologe des deutschen Imperialismus, Witten 1974

Der deutsche Protestantismus im Epochenjahr 1917, Witten 1974

Karl Marx über Religion und Emanzipation, zusammen mit Klaus Peters: Bd. 1. Stationen auf dem Wege zur Emanzipation; Bd. 2: Systemkritik und revolutionärer Kampf, Gütersloh 1975

Kirche, soziale Frage und Sozialismus, Bd. 1: Kirchenleitungen und Synoden über soziale Frage und Sozialismus 1871-1914, Gütersloh 1977

Kirche in Konflikten ihrer Zeit, München 1981, enthält:
– Kirche und Marxismus: Denkschrift und Manifest
– Kirche und Arbeiterbewegung
– Pfarrer im Konfliktfeld des Ruhrbergarbeiterstreiks 1905
– Kirche und Krieg 1870/71
– Kirche und Judenchristentum: Hans Ehrenberg
– Kirche und Schuld: Das Darmstädter Wort von 1947

Hg.: Kirche im Krieg. Der deutsche Protestantismus am Beginn des Zweiten Weltkriegs, München 1979

Kirchliches Reden beim Ausbruch des Zweiten Weltkriegs, in: WPKG 68/1979

Kirche und Marxismus, in: Christliche Religiosität im 20. Jahrhundert, Berlin 1980

Hoffnungen und Illusionen evangelischer Prediger am Beginn des Dritten Reiches. Gottesdienstliche Feiern aus politischen Anlässen, in: D. Peuckert/J. Reulecke: Die Reihen fast geschlossen, Wuppertal 1981

Adolf Stoecker und die Sozialdemokratie, in: Brakelmann-Martin Greschat-Werner Jochmann: Werk und Wirkung Adolf Stoeckers, Hamburg 1982

Barmen V – Ein historisch-kritischer Rückblick als Voraussetzung seiner Vergegenwärtigung, In: EvTh 45/1985

Die Bochumer Bekenntnisse des Jahres 1933, in: Festschrift für Werner Jochmann, hg. von Ursula Büttner, Hamburg 1986

Evangelische Kirche in sozialen Konflikten der Weimarer Zeit. Das Beispiel des Ruhreisenstreits, Bochum 1986

Ruhrgebiets-Protestantismus, Bielefeld 1987; Enthält:
– Die Anfänge der evangelischen Arbeitervereinsbewegung in Gelsenkirchen 1882-1890
– Evangelischer Bund und Arbeitervereinsbewegung
– Evangelische Pfarrer im Konfliktfeld des Ruhrbergarbeiterstreiks 1905
– Die Vielfalt der Traditionen beerben: Evangelische Arbeitsethiken am Beispiel des Ruhrgebietsprotestantismus
– Aus der Anfangszeit des Martineums

J. H. Wichern, Sämtl. Werke, hg. Band 9 und 10, Hannover 1988

Krieg und Gewissen. Otto Baumgarten als Politiker und Theologe im Ersten Weltkrieg, Göttingen, 1991

Verhängnis – Versagen – Irrtum – Schuld. Anmerkungen zum Umgang mit kirchlicher Zeitgeschichte, in: KZG 4/1991

Carl-Ferdinand Stumm. Christlicher Unternehmer, Sozialpolitiker, Antisozialist. Bochum 1993

Die protestantischen Wurzeln der sozialen Marktwirtschaft, zusammen mit Traugott Jähnichen, Gütersloh 1994

Evangelische Sozialtheoretiker vor dem Problem der Gewerkschaften, in: Frank Auer/Franz Segbers: Sozialer Protestantismus und Gewerkschaftsbewegung, Köln 1994

Zwischen Widerstand und Mitverantwortung. Vier Studien zum Protestantismus in sozialen Konflikten, Bochum 1994:
– Protestantismus, Technik und Fortschritt im 19. Jahrhundert
– Die industrielle Revolution im Urteil des Protestantismus
– Theologisch-ethische Bewertungen der Stadt im Protestantismus des 19. Jahrhunderts
– Gewerkschaften im Urteil evangelischer Sozialpolitiker und Theologen
Anhang: Theodor Lohmann – ein protestantischer Sozialpolitiker aus der Inneren Mission

Nationalprotestantismus und Nationalsozialismus, in: Festschrift für Hans Mommsen, Berlin 1995

Hans Ehrenberg. Ein judenchristliches Schicksal in Deutschland, Bd. 1: Leben, Denken und Wirken 1883-1932, Bd. 2: Widerstand, Verfolgung und Emigration, Bd. 3: Hg.: Autobiographie eines deutschen Pfarrers, Waltrop 1997 und 1999

Kirche im Ruhrgebiet. 2. neu bearbeitete Auflage, hg. von Norbert Friedrich /Traugott Jähnichen/ Brakelmann, Essen 1998

Wilhelm Menn. Zur Geschichte und Aktualität des Verhältnisses von Kirche und Wirtschaft, in: Diakonie der Versöhnung, Stuttgart 1998

Sozialstaat als kulturelle und ordnungspolitische Leistung, in: Handbuch für Wirtschaftsethik, hg. von Wilhelm Korff  Bd. 1, Gütersloh 1999

Ansätze reformkonservativer Sozialpolitik im Umfeld der Betheler Sozialschule, in: Traditionsbruch, Wandlung, Kontinuitäten, Münster 2000

Für eine menschlichere Gesellschaft, Bd. II: Historische und sozialethische Vorträge, Bochum 2001:
– Evangelische wirtschaftsethische Ansätze im Kontext der sozialen Frage im 19. und 20. Jahrhundert
– Adolf von Harnack als Sozialpolitiker
– Das Lutherjahr 1917
– Konfessionelles Bewusstsein im werdenden Ruhrgebiet 1870-1918
– Die Anfänge der kirchlichen Sozialarbeit in Westfalen

Kirche und Judenverfolgung. Drei Einblicke, Waltrop 2001

Hg. zusammen mit Manuela von Brocke: Emanzipation und Antisemitismus. Ein Arbeits- und Lesebuch (1869-1877) Waltrop 2002

Die evangelische Stadtakademie Bochum: Vorgeschichte und Geschichte bis 1933. In: Manfred Keller(Hg.): Gott und der Welt begegnen, Bochum 2003

Geschichte der Heimvolkshochschule Wislade in der Zeit der Weimarer Republik, in: Jahrbuch für Westf. Kirchengeschichte Bielefeld 2003, ebenso in: Aufbruch in soziale Verantwortung II, hg. von Wolfgang Belitz, Brakelmann und Norbert Friedrich, Waltrop 2004

Adolf Stoecker als Antisemit, 2 Bände, Waltrop 2004

Thesen zum Antisemitismus im Kaiserreich, in: Mitteilungsblatt des Instituts für soziale Bewegungen RUB, Bochum 31/2004

Der Kriegsprotestantismus 1870/71 und 1914-1918, in: Nationalprotestantische Mentalitäten, hg. von Manfred Gailus und Hartmut Lehmann, Göttingen 2005

Die Kreissynode Bochum in den Jahren 1918 und 1933, in: Helmut Geck (Hg.) Kirchenkreisgeschichte und große Politik, Münster 2006

Historisch-politische Anfragen an das presbyterial-synodale Prinzip der preußischen Kirche, in: Helmut Geck (Hg.): Der Kirchenkreis in der presbyterial-synodalen Ordnung, Berlin 2008

Hitler und Luther, Bochum 2008

Protestantismus und soziale Frage – Das Beispiel des Ruhrbergarbeiterstreiks 1905 und des Ruhreisenstreits 1928, in: Sonntagskirche und Alltagswelt. Beiträge zur Geschichte des Protestantismus im Ruhrgebiet, hg. von Traugott Jähnichen und Franz-Josef Jelich, Essen 2009

„Heimkehr nach Deutschland" – Ein Streifzug durch Ehrenbergs Nachkriegsschrift. In: Manfred Keller/Jens Murken: Das Erbe des Theologen Hans Ehrenberg. Eine Zwischenbilanz, Münster 2009

Lebensbilder von Hans Ehrenberg und Gustav Heinemann, in: Protestantische Profile. Lebensbilder aus fünf Jahrhunderten, hg. von Michael Basse, Traugott Jähnichen und Harald Schroeter-Wittke, Kamen 2009

Evangelische Kirche im Entscheidungsjahr 1933/34. Der Weg nach Barmen, Münster 2010

Zwischen Mitschuld und Widerstand – Fritz Thyssen und der Nationalsozialismus, Essen 2010

Der Kirchenkampf in Harpen, Bochum 2011

Eine Reise durch die Bochumer Kirchengeschichte: der Evangelische Kirchenkreis 1913-1919, Hartmut Spenner-Verlag, Kamen 2011

Kreuz und Hakenkreuz. Christliche Pfadfinderschaft und Nationalsozialismus in den Jahren 1933/1934, Kamen 2013

Die Bochumer Synoden 1919-1933, Kamen 2013

Evangelische Kirche in Bochum 1933. Zustimmung und Kritik, Bochum 2013

Die protestantische Kriegstheologie 1870/71 und 1914-1918. Sechs Einblicke, Kamen 2014

Luther – Daten und Fakten, Bielefeld 2014

Luther – Ethik des Politischen, Bielefeld 2014

Handbuch: Kirchen im Ersten Weltkrieg. Eine Chronologie und Bibliographie, Kamen 2015

Wilhelm Schmidt: Bochumer Pfarrer in dramatischer Zeit. Eine biographische Dokumentation, Bochum 2015
Müntzer und Luther, Bielefeld 2016
Vorträge zu „Luther als Mensch" in der Stiepeler Dorfkirche, Bochum 2016
Das Lutherjahr 1883, Bielfeld 2017
Lutherfeiern im Epochenjahr 1917, Bielefeld 2017
Geschichte der Kreissynode Bochum von 1818-1912, Berlin 2018

**Zur Geschichte des deutschen Widerstands**
Der Kreisauer Kreis. Chronologie, Kurzbiographien und Texte aus dem Widerstand, Münster 2003
Die Kreisauer: folgenreiche Begegnungen. Biographische Skizzen zu Helmuth James von Moltke, Peter Yorck von Wartenburg, Carlo Mierendorff und Theodor Haubach, Münster 2003
Carlo Mierendorff und die Demokratie von Weimar, in: Festschrift für Bernd Faulenbach, Essen 2003
Der Kreisauer Kreis. In: Peter Steinbach, Johannes Tuchel (Hg.): Widerstand gegen die nationalsozialistische Diktatur 1933-1945, Berlin 2004
Christliche Offiziere im Widerstand – das Beispiel des Henning von Tresckow, in: Mathias Tullner, Sachsen-Anhalt, Geschichte und Geschichten 2004/1
Kein theologischer Satz ist politisch unschuldig. Harald Poelchau in der Zeit der Weimarer Republik und des nationalsozialistischen Systems, in: Ohr der Kirche, Mund der Stummen, hg. von Ludwig Mehlhorn, Berlin 2004
Dietrich Bonhoeffers Tätigkeit in der Konspiration 1939-1945, in: Brakelmann, Traugott Jähnichen (Hg.): Dietrich Bonhoeffer-Stationen und Motive auf dem Weg in den politischen Widerstand, Münster 2005
Brakelmann/Manfred Keller (Hg.): Der 20. Juli und das Erbe des deutschen Widerstandes, Münster 2005:
– Der Kreisauer Kreis als christliche Widerstandsgruppe
– Helmuth James von Moltke und Alfred Delp – Haft, Prozess und Tod
Biogramme von Justus Delbrück, Theodor Haubach, Caesar von Hofacker, Helmuth James von Moltke, Adolf Reichwein, Henning von Tresckow, Peter Yorck von Wartenburg, in: „Ihr Ende schauet an" – Evangelische Märtyrer des 20. Jahrhunderts, hg. Harald Schultze/Andreas Kurschat, Leipzig 2006
Helmuth James von Moltke. Eine Biographie, München 2007 (bisher 3 Auflagen, übersetzt ins Polnische)
Christsein im Widerstand: Helmuth James von Moltke. Einblicke in das Leben eines jungen Deutschen, Münster 2008
Widerstand und Religion. Ein thesenartiger Überblick. In: Mitteilungen der Kirchlichen Zeitgeschichte 2008
Helmuth James von Moltke: Im Land der Gottlosen, hg. und eingeleitet von Günter Brakelmann, München 2009
Helmuth James von Moltke. Zeitgenosse für ein anderes Deutschland, Münster 2009 (mit ausführlicher Chronologie)
Helmuth James von Moltke als Mensch und Politiker oder Moral und Politik bei H. J.

von Moltke, in: Hans-Günter Richardi/Gerald Steinacher (Hg.): Für Freiheit und Recht in Europa, Innsbruck, Wien, Bozen 2009

Helmuth James von Moltke. Briefe und Tagebücher aus den Gefängnissen in Berlin und Ravensbrück, Bochum 2009

Peter Yorck von Wartenburg 1904-1944. Eine Biographie, München 2012

Evangelische Kirche in Bochum 1933. Zustimmung und Widerstand, Bochum 2013

Tod als Opfer für eine bessere Zeit. Hans Bernd von Haeften im Widerstand, in: Schulte/Wala (Hg.): Widerstand und Auswärtiges Amt. Diplomaten gegen Hitler, München 2013

Peter Graf Yorck von Wartenburg, in: Siegler, Sebastian (Hg.): Corpsstudenten im Widerstand gegen Hitler, Berlin 2014, 65 ff

Widerstand und Religion: Das Beispiel des Helmuth James Graf von Moltke, in: Günther Saltin: Gesang im Feuerofen. Die ökumenische Bibellektüre von Helmuth Graf James von Moltke, Alfred Delp, Eugen Gerstenmaier und Joseph Ernst Fugger von Glött in der Haftanstalt Berlin-Tegel, Würzburg 2014

Christen im Widerstand: Die Freiburger Denkschriften, in: Hans Maier (Hg.): Die Freiburger Kreise. Akademischer Widerstand und Soziale Marktwirtschaft, Paderborn 2014, 41 ff

**Lutherstudien**

Martin Luther: Beiträge zu seinem Verständnis, Kamen 2012:

I. Vorstellung und Interpretation einzelner Schriften von Luther
- An den christlichen Adel deutscher Nation von den christlichen Standes Besserung (1520)
- Auslegung des Magnificat (1520)
- Von weltlicher Obrigkeit. Wieweit man ihr Gehorsam schuldig sei (1523)
- Ob Kriegsleute auch im seligen Stand sein können (1526)
- Auslegung des Psalms 101 (1525)

II. Vorträge zu einzelnen Themen bei Luther
- Rechtfertigung und Leistung: „Von der freiheit des Christenmenschen“, gelten als Provokation und Hilfe für das moderne Leitungsproblem (1982)
- Revolutionäre Elemente der Theologie Luthers und ihre geschichtlichen Konsequenzen (1983)
- Arbeit, Beruf und Wirtschaft bei Luther (1989)
- Die zehn Gebote als Maßstäbe einer Lebensordnung in der Verantwortung vor Gott und den Menschen
- Luther und die Juden (2011)
- Eine Reformationspredigt (2011)

III. Über Lutherbilder
- Das marxistische Lutherbild (1981)
- Lutherjubiläum 1883 (1983)
- Luther – eine unzeitgemäße Provokation (1983)
- Das Lutherjahr 1917 (1997)
- Luther und Hitler 1933 (2008)
- Luther und Hitler (Die Lutherfeiern 1933), Bochum 2008

**Aus der Studienreihe Luther**

Bd. 1: Luther. Daten und Fakten, Bielefeld 2014
   I.   Die politische, ökonomische und gesellschaftliche Umwelt Luthers
   II.  Die Kirche im feudalen und frühbürgerlichen System
   III. Signatur der Zeit: Krisen und Fortschritte
   IV.  Das Leben Luthers von 1483 bis 1517
   V.   Anmerkungen zum Verstehen Luthers
   VI.  Das Leben Luthers vom 31. Oktober 1517 bis zu seinem Tod.
        Eine chronologische Übersicht

Bd. 2: Luther: Ethik des Politischen, Bielefeld  2014
   I.   „Eine treue Vermahnung Martini Luther zu allen Christen,
        sich zu hüten vor  Aufruhr und Empörung" (1522)
   II.  „Von weltlicher Obrigkeit. Wie weit man ihr Gehorsam schuldig sei (1523)
   III. Auslegung des Psalms 101 (1535)
   IV.  Leitsätze zur Zwei-Reiche-Lehre von Gerhard Ebeling

Bd. 8: Luther und Müntzer, Bielefeld  2016
   – Die Tradition von Bauernunruhen und Bauernaufständen
   – Thomas Müntzer und Martin Luther in der Frühzeit der Reformation
   – Müntzer in Zwickau
   – Müntzer in Böhmen: das „Prager Manifest"
   – Ein Brief an Philipp Melanchthon
   – Müntzer in Allstedt: die Gemeindereformen
   – Müntzers religiös-politische Allstedter Streitschriften
   – Die Zerstörung der Mallerbacher Marienkapelle 1524
   – Die Weinsberger Bluttat
   – Müntzers „Fürstenpredigt"
   – Die Reaktion Luthers vor und nach der „Fürstenpredigt" Müntzers
   – Müntzers Reaktion auf Luther
   – Das Weimarer Verhör
   – Müntzers erster Aufenthalt in Mühlhausen
   – Müntzer in Süddeutschland
   – Die „Schutzrede" Müntzers
   – Müntzers zweiter Aufenthalt in Mühlhausen
   – Eine neue Phase im Bauernkrieg, die 12 Artikel der Bauern und
     Luthers „Ermahnung zum Frieden"
   – Der Weingartener Vertrag
   – Die Schreiben Müntzers und Luthers vor der Schlacht von Frankenhausen
   – Die Schlacht von Frankenhausen am 15. Mai 1525
   – Luthers Reaktion auf Müntzers Schicksal
   – Die Hinrichtung Müntzers und Pfeiffers am 27. Mai 1525
   – Bitte Luthers um die Begnadigung eines jungen Aufständischen
   – Die Heirat Luthers
   – Eine Nachbetrachtung

Anhang:
– Chronologie: Müntzer und Luther im Bauernkrieg
– Literaturverzeichnis

Bd. 14: Das Lutherjahr 1883
– Einblicke in die politische und konfessionelle Situation der Zeit vor 1883
– Die Wittenberger Lutherfeier
– Beispiele für andere Reden über Luther

Bd. 16: Lutherfeiern im Epochenjahr 1917
– Reformationsansprache des Deutschen Evangelischen Kirchenausschusses
– Protestantische Treuegelöbnisse am Geburtratag des Kaisers
– Die Diskussion über die Kriegsziele
– Der andere Protestantismus
– Luther im Lutherjahr 1917
– Das Reformationsjubiläum in Wittenberg
– Die Wittenberger Synodalfeier
– Die Evangelisch-Lutherische Konferenz
– Andere Konferenzen
– Besondere Veröffentlichungen
Anhang: Otto Baumgarten: Christentum und Weltkrieg

**Evangelische Perspektiven**
Nr. 1: Hitler und Luther 1933, 2008
Nr. 2: Helmuth James von Moltke – Briefe und Tagebücher aus den Gefängnissen in
Berlin und Ravensbrück 1944, 2009 u
Nr. 3: der Kirchenkampf in Harpen 1933-1945, 2011
Nr. 5: Evangelische Kirche in Bochum 1933. Zustimmung und Widerstand (2013)
Nr. 8: Luther als Mensch, Vorträge in der Stiepeler Dorfkirche
I. Jugend, Schulzeit und Studienzeit Luthers
II. Wieder und auf immer in Wittenberg
III. Katharina von Bora und ihre Ehe mit Luther
IV. Luthers letzte Reisen nach Mansfeld und Eisleben und sein Tod
V. Sabine Niedmann-Illies/Dr. Steffen Illies: Luthers Krankheiten und ihre Bedeutung
für seine Persönlichkeitsstruktur
VI. Leben und Schriften Luthers
VII. Die weltlichen und geistlichen Herren in der Zeit Luthers
VIII. Literaturverzeichnis (in Auswahl)
Anhang: Philipp Melanchthon: Das Leben Martin Luthers (1546)

**Autobiographisches**
Meine Kindheit und die Kriegszeit (mit Briefen an den Vater), Bochum 2016
Meine Jugendzeit in Querenburg 1945-1952, Bochum 2016
Autobiographisches. Calendarium vitae 1931-2016. Manuskript 2016

# Biografie

## Zur Person: Günter Brakelmann

Günter Brakelmann wurde am 3. September 1931 in Bochum geboren. Er studierte evangelische Theologie, Sozial- und Geschichtswissenschaften an der Eberhard-Karls-Universität Tübingen und der Westfälischen Wilhelms-Universität in Münster. Nach seiner Promotion 1959 wurde Brakelmann zunächst Berufsschul- und Studentenpfarrer in Siegen. Von 1962 bis 1968 war er Dozent an der Evangelischen Sozialakademie in Friedewald. 1967 wurde er Wissenschaftlicher Mitarbeiter am Institut für Christliche Gesellschaftslehre der Westfälischen Wilhelms-Universität in Münster, bevor er 1970 zum Direktor der Evangelischen Akademie Berlin berufen wurde. 1972 nahm er einen Ruf auf den Lehrstuhl für Christliche Gesellschaftslehre an der Ruhr-Universität Bochum an, auf dem er bis zu seiner Emeritierung 1996 blieb. Von 1980 bis 1996 war er Direktor des Sozialwissenschaftlichen Instituts (SWI) der Evangelischen Kirche in Deutschland (EKD), das bis 2004 in Bochum angesiedelt war.

Darüber hinaus war er tätig in verschiedenen Gremien der Westfälischen Landeskirche und in der Evangelischen Kirche in Deutschland, u.a. in der Kammer der EKD für Öffentliche Verantwortung als langjähriger Vorsitzender des überparteilichen Arbeitskreises „Sicherung des Friedens". Er war Mitglied im Aufsichtsrat von Thyssen-Krupp, Salzgitter Stahl und Peiner Träger sowie im Aufsichtsrat des Westdeutschen Rundfunks und des Programmbeirats für das Erste Deutsche Fernsehen; er war berufenes Mitglied der „Unabhängigen Kommission für die künftigen Aufgaben der Bundeswehr" im Verteidigungsministeriums.

Über die Zeit seiner Emeritierung hinaus liegen seine Forschungsschwerpunkte bei Martin Luther als reformatorischem Theologen und dessen Wirkungsgeschichte in der deutschen National- und Kirchengeschichte, in der Geschichte des Antisemitismus, der Geschichte des Widerstandes gegen den Nationalsozialismus und des Verhaltens des deutschen Protestantismus insbesondere der Synode Bochum in der Zeit der beiden Weltkriege.

Im Jahr 2000 wurde Günter Brakelmann mit dem Hans-Ehrenberg-Preis ausgezeichnet. Seit 1957 ist er Mitglied der SPD.